こども かんきょう 絵じてん

木俣美樹男 監修　三省堂編修所 編

三省堂

はじめに

地球の環境はそれ自体の変遷に加えて、生き物の誕生と進化により複雑化してきました。特に人類が農耕文化を発明し、都市文明を発展させてから、さらに複雑になってきました。現代では、激しさを増す人間の活動が、地球の環境にとても大きな影響を及ぼすようになっています。そのため、大きく変容する地球と地域の環境を学び続けることが必要になったのです。拡大する複雑な環境課題を解決するためには、これまでの分析的な科学だけでは対応が難しく、新たに統合的な環境学が求められています。

多くの人々が産業の集積する都市（まち）に暮らすようになり、自然と直接関わる仕事をして農山村（むら）に暮らす人びとが少なくなりました。私たちの都市生活では過剰に物欲にとらわれるあまり、発達した科学技術による大量生産・消費・廃棄が常態となっています。この都市文明はとても便利な生活をもたらしましたが、日々の暮らしの中で自然に接することはほとんどなくなりました。増大する人口と拡大する都市は、多くの生き物の多様性を損ない、同時に、人間の暮らしに役立ってきた生き物とともに築いた伝統文化をも喪失させています。むらに人が少なくなると、里山が衰退して、野生生物はあたかも現代文明に順応するかのようにまちに出てきます。また、日本では食料自給率がとても低いにもかかわらず、食品関係の廃棄量があまりにも多く、生き物の命をもらって暮らす人間の生命倫理ともいえる「もったいない」と感じる心が崩れています。他国では、飢餓に苦しんでいる人が何百万人もいることを、忘れてはなりません。

　環境問題は現代の大人たちが引き起こしたのですから、大人の責任によって解決すべきで、子どもたちに問題解決や負の遺産を押しつけるべきではありません。子どもたちには、未来を美しく幸せなものとして想像してほしいと願います。私たちは学校で科学的知識を教わりましたが、自然の中で自然とともに生きていく術は学べませんでした。もう一度、新たなルネッサンス（人間の「再生」）を考えてみませんか。

　この本は、幼い子どもたちが直感的に環境を学び、また、おうちのかたも一緒になって直観的に環境を学べるように、統合的な環境学の考え方で構成されています。未来を環境問題の恐怖によって固定するのではなく、大人が課題解決に努力する姿を見せることによって、子どもたちが大人を信頼し、未来文明の在り方を自由に想い描き、ファンタスティックな創造に向かうように工夫しています。

東京学芸大学名誉教授　木俣美樹男

この絵じてんの特長と使いかた

タイトル
そのページで取り上げたテーマを示しています。

リード文
テーマに関連して、子どもが興味を持つようなことについてまとめました。

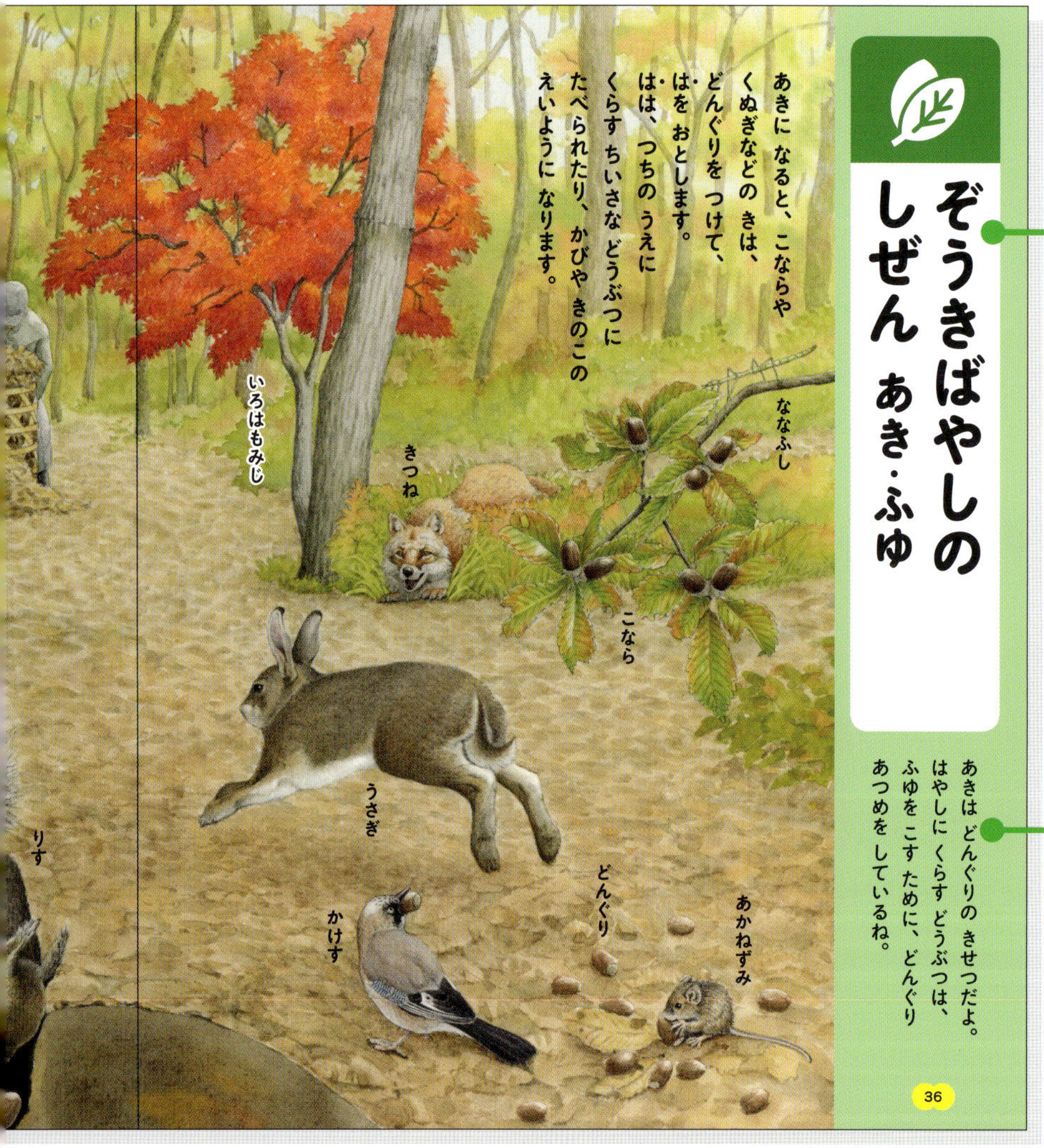

ぞうきばやしの
しぜん あき・ふゆ
あきは どんぐりの きせつだよ。
はやしに くらす どうぶつは、
ふゆを こす ために、どんぐり
あつめを しているね。
あきに なると、こならや くぬぎなどの きは、どんぐりを つけて、はを おとします。
はは、つちの うえに くらす ちいさな どうぶつに たべられたり、かびや きのこの えいように なります。
ななふし
きつね
いろはもみじ
こなら
うさぎ
りす
どんぐり
あかねずみ
かけす
36

1 身近な自然から世界の環境問題まで、6つの章に分けて紹介

道ばたで見かける動植物や森や海にすむ生き物のつながり、暮らしを支える自然の役割、地球温暖化をはじめとする環境問題など、さまざまな分野について取り上げています。

2 絵本感覚で読める楽しいイラスト

イラストをメインに構成しているので、環境のテーマに初めて触れる子どもも、楽しみながら読むことができます。

3 本文はすべてひらがな・カタカナ

幼児の「読んでみたい」という気持ちに応えられるよう、子ども向けの部分はすべてひらがな・カタカナで表記しています。

おうちのかたへ

各テーマの内容について、本文で説明できなかった事柄への補足情報や、環境によい暮らしを実践するためのヒントなど、大人向けの情報をまとめました。

環境に関係することばを紹介

各章の本文に出てきた用語や、各章のテーマに関係することばの意味を、イラストとともに解説しています。

4 見開き単位の構成でどこからでも読める

1テーマ1見開きで構成しているので、子どもが興味を持ったどのテーマからでも読むことができます。

子どもの興味を広げるコラム

この本を読んで自然や環境に興味を持った子どもたちが、身近な場所で実践できるアイデアを紹介しています。

もくじ

はじめに　木俣美樹男……2
この絵じてんの特長と使いかた……4

1 わたしたちの かんきょう……9
きみの まわりに いる ひとたち……10
わたしたちが くらす まち……12
わたしたちの ちきゅう……14
ひとを とりまく かんきょうに かんけいする ことば……16

2 みぢかな しぜんと いきもの……17
まちの しぜん　はる① いえの まわり……18
まちの しぜん　はる② こうえん……20
まちの しぜん　なつ……22
まちの しぜん　あき・ふゆ……24
たはたや ののしぜん　はる……26
たはたや ののしぜん　なつ……28
たはたや ののしぜん　あき・ふゆ……30
ぞうきばやしの しぜん　はる……32
ぞうきばやしの しぜん　なつ……34
ぞうきばやしの しぜん　あき・ふゆ……36
いきものの なまえに かんけいする ことば①……38
いきものの なまえに かんけいする ことば②……39
いきものの なまえに かんけいする ことば③……40
いろいろな しぜんに かんけいする ことば……41
やってみよう　いきものずかんを つくろう……42

3 もりや うみと いきもの……43
もりの いきもの……44
かわや みずべの いきもの……46
うみや うみべの いきもの……48

いきものの たべる、たべられるの つながり …… 50
のやまの いきものの つながり …… 52
みずの なかの いきものの つながり …… 54
もりの はたらき① もりは さんそを つくる …… 56
もりの はたらき② もりは つちを そだてる …… 58
もりの はたらき③ もりは みずを たくわえる …… 60
ひとと しぜんの つながり …… 62
○せいたいけいに かんけいする ことば …… 64
○こうごうせいに かんけいする ことば …… 65
○みずの じゅんかんに かんけいする ことば …… 66
○びせいぶつに かんけいする ことば …… 67
やってみよう おちばの したを かんさつしよう …… 68

4 べんりで かいてきな くらし …… 69

ひとの くらしと みず …… 70
くらしを ささえる しぜん …… 72
いえの なかの もの① …… 74
いえの なかの もの② …… 76

べんりな でんかせいひん …… 78
でんきが いえに とどくまで …… 80
まちを はしる じどうしゃ …… 82
まちの なかの みせ …… 84
たべものは どこから くるの？ …… 86
○くらしに かんけいする ことば① …… 88
○くらしに かんけいする ことば② …… 89
○エネルギー《えねるぎー》に かんけいする ことば …… 90
○ゆそうに かんけいする ことば …… 91
やってみよう スーパーマーケット《すーぱーまーけっと》を たんけんしよう …… 92

5 ごみを へらす くらし …… 93

いろいろな ものが ごみに なる …… 94
すてられて しまう たべもの …… 96
つかいすての もの …… 98
ごみを わけてみよう …… 100
みんなの ごみは どこに いくの？ …… 102
ごみが さいごに いく ところ …… 104

ごみを へらす くふう①
ごみを ださない かいもの …… 106
ごみを へらす くふう②
つかいすての ものを つかわない …… 108
ごみを へらす くふう③
ほかの ひとの やくに たてる …… 110
ごみを へらす くふう④
ものを たいせつに つかう …… 112
ごみを へらす くふう⑤
べつの ものに して つかう …… 114
ごみを へらす くふう⑥
リサイクル《りさいくる》する …… 116
みずを よごさない くらし …… 118
みずや でんきを たいせつに つかう …… 120
ごみに かんけいする ことば① …… 122
ごみに かんけいする ことば② …… 123
ごみに かんけいする ことば③ …… 124
ごみに かんけいする ことば④ …… 125
やってみよう いえの なかを そうじしよう …… 126

6 ちきゅうを たいせつに する くらし …… 127
なくなってしまう しぜん …… 128
いきものの すみかが なくなってゆく …… 130
かぎりある しげん …… 132
ちきゅうおんだんかと しぜんの へんか …… 134
しぜんエネルギー《えねるぎー》を つかう …… 136
ちかくで とれた たべものを たべる …… 138
やさいや しょくぶつを そだてる …… 140
さとやまを まもる …… 142
しぜんはかいに かんけいする ことば …… 144
ちきゅうおんだんかに かんけいする ことば …… 145
かんきょうもんだいに かんけいする ことば …… 146
しげんに かんけいする ことば …… 147
しぜんエネルギー《えねるぎー》に かんけいする ことば …… 148
エコ《えこ》に かんけいする ことば …… 149
みんなで つくる ちきゅうの みらい …… 150
おうちの かたへ …… 152
さくいん …… 巻末

1 わたしたちの かんきょう

きみは どんな ひとと
くらしている？
きみの すんでいる まちは
どんな ばしょ？
みぢかな ものから、
とおくの ものまで、
きみを とりまく
かんきょうを みていこう。

きみの まわりに いる ひとたち

きみの まわりには、どんな ひとが いる？ かぞく、ともだち、せんせい。たくさんの ひとに かこまれて くらしているね。

かぞく、ともだち、
きんじょの ひと、せんせい。
みなさんの
たいせつな ひとを
おもいうかべてみましょう。
みなさんを
とりまく すべての ひと、
しゃかい、ものごとを
「かんきょう」と いいます。

おじいちゃん
おばあちゃん
おかあさん
おとうさん
じぶん
いもうと
ペット《ぺっと》

ひとは、いつも だれかと
かかわりあいながら
くらしています。
うれしい ことを、
だれかと わかちあったり、
かなしい とき、だれかに
はげましてもらえたら
うれしいですね。

サッカークラブ《さっかーくらぶ》の
せんせい
たんにんの せんせい
ともだち
となりの いえの
おにいちゃん

おうちの かたへ

環境とは、主体となるものを取り巻くすべてのものをいいます。人を主体とするなら、その人が関わる人びとや場所などです。子どもが最初に出会う環境は、親や兄弟姉妹、祖父母など、最も身近な存在となる家族、そして住居（自宅）といえます。家族との関わりによって作られた環境は、外に向かって少しずつ範囲を広げていきます。近所であいさつをする人、公園で遊ぶ友だち、園や学校、習い事の教室などで教えてくれる先生など、さまざまな人びとと関わりを持つことで、子どもは社会とつながり、生きていくための環境を作っていくことになります。特に友だちは、お互いに刺激し合える大事な存在です。

わたしたちが くらす まち

まちに でてみよう。
どうろや こうえん、みせ、
いろいろな ものが あって、
ひとも たくさん いるね。

まちには たくさんの ひとが います。
いろいろな たてものや みせも あります。
まちは、ひとが くらしていく ために、
ひつような ばしょです。
わたしたちの まちを あるいてみましょう。

おうちのかたへ

子どもが家族の次に出合う環境が「まち」です。まちには、各種の商店や、警察署、消防署など、社会生活に必要なものが集まっています。多くの人がいるため、家族以外の人びとと接する機会が生まれます。子どもが人との関わりを広げ、社会とつながるためにも、まちの存在は大切です。

みなさんの住んでいるまちはどんなところですか？　建物が多く、人がたくさんいる場所でしょうか？　田んぼや畑が多くて自然が豊かな場所でしょうか？　子どもの環境を広げていくために、まずはまわりを見渡し、住むまちがどんな環境なのか認識することからはじめてみましょう。

わたしたちの ちきゅう

まちの もっと とおくを みてみよう。
きみの すんでいる まちは、
ちきゅうと いう ほしの なかに
あるんだよ。

わたしたちは ちきゅうと いう ほしに
くらしています。
ちきゅうには、ひとや まちだけでなく、
しぜんが あり、たくさんの しゅるいの
いきものが くらしています。
かわや うみ、やま、たに、
こおりの だいちなど、
いろいろな ばしょが
あります。

「かんきょう」は、ひとだけでは なく、
いきもの、しぜん、すべての
ものごとを ふくみます。
ちきゅうに ある すべて ものごとは、
わたしたちと かかわりが あるのです。

おうちのかたへ

地球には、山や海、川、氷河、砂漠などがあり、そこには、人間だけではなく、動植物、虫、微生物など、多くの生き物が暮らしています。現在の地球の環境は、40億年前に最初の生命が誕生してから、3000万種ともいわれる多種多様な生き物が、それぞれの場所に適応して進化を繰り返し、互いに複雑に関係し合い創り上げてきたものです。つまり、環境とは、人間や場所、生き物、地球上のすべてのものごとを指します。

地球の環境が、人間のためにだけあるのではないことを理解し、自分たちも環境の一部であることを意識して、さまざまな課題を見直してみましょう。

ひとを とりまく かんきょうに かんけいする ことば

かんきょう

ひとや ものの まわりに
あって、たがいに
かんけいしあいながら
つくられている ものごと。
たとえば、ひとに とっての
かんきょうは、かぞく、まち、
しぜんなどが あげられる。

いろいろな かんきょう

かぞく

いっしょに くらす、おやこ、
きょうだいなどの ひとたち。
おたがい たすけあい、
たいせつに おもう かんけい。

まち

いえが おおく あつまっている ところ。
みせや、がっこう、びょういんなど、
ひとが くらす ために ひつような
ものが そろっている。

しゃかい

いっしょに たすけあって
くらしている、たくさんの
ひとの あつまり。

いきもの

どうぶつ、しょくぶつ、
めに みえない
ちいさな かびや
バクテリア《ばくてりあ》など、
ちきゅうの さまざまな
ばしょに
くらしている もの。

しぜん

やまや かわ、うみ、
あめや ゆき、くも、
すべての いきものなど、
ひとが つくった ものでは
ないけれど、
みの まわりに ある もの。

ちきゅう

わたしたちが
すんでいる ほし。
ちきゅうは くうきに
つつまれ、ほとんどが
みずに おおわれている。
ちきゅうの そとには、
うちゅうが ひろがっている。

2 みぢかな しぜんと いきもの

いえの まわり、
たんぼや はたけ、
ぞうきばやしには、
しょくぶつや むし、
どうぶつ、 とりなど
いろいろな いきものが
くらしているよ。
きせつに よって、
みられる いきものが
どう かわるのかも
みていこう。

まちの しぜん
はる① いえの まわり

さむい ふゆが おわり、
ようやく はるが やってきた。
あたたかい ひざしを あびて、
くさきが はなを さかせたよ。

わたしたちの いえの まわりには、
たくさんの くさや きが はえ、
むしなどが くらしています。
じめんに しかれたアスファルト《あすふぁると》の
すきまにも、くさが はえています。

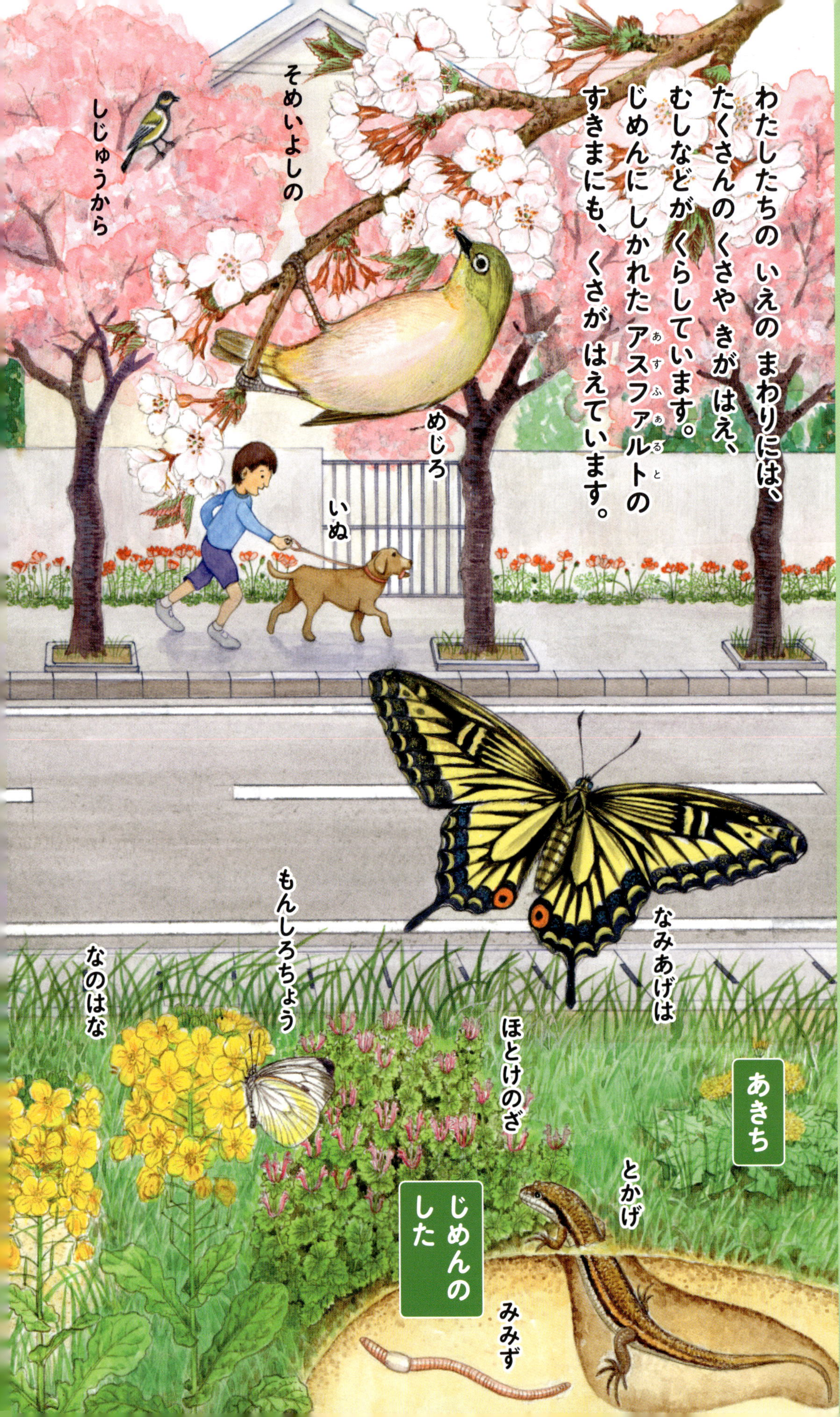

しじゅうから
そめいよしの
めじろ
いぬ
なのはな
もんしろちょう
なみあげは
ほとけのざ
あきち
とかげ
じめんの した
みみず

おうちのかたへ

植物が芽吹き、鳥や虫たちも活発に動きはじめる春。家のまわりでも変化を感じられることがたくさんあります。春に花が咲く代表的な植物といえば、桜の一品種であるソメイヨシノです。南は鹿児島県から、北は北海道まで植えられており、3月から5月にかけて、おおむね南から北へ徐々に開花していきます。

また、まちの中をよく見ると、ホトケノザやナガミヒナゲシなどのたくましい雑草たちが、空き地やアスファルトの隙間からも芽を出し、花を咲かせます。

植物を観察していると、虫が、花の蜜を求め、葉を食べにやってくるのを見ることができます。

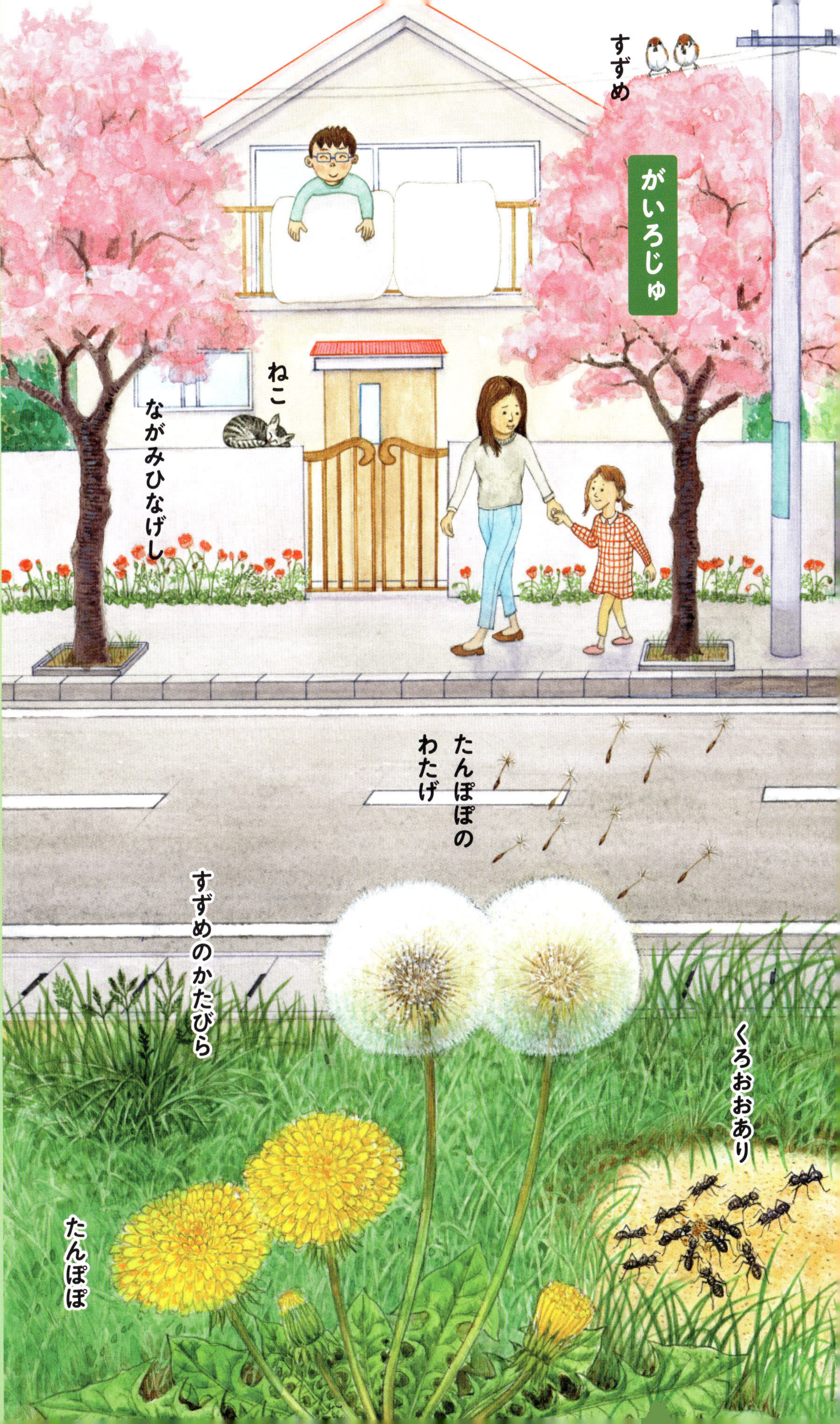

まちの しぜん はる② こうえん

こうえんには、
いろとりどりの はなが
さいているね。
むしも たくさん とんでいるよ。

こうえんでは、
チューリップ《ちゅーりっぷ》や ガーベラ《がーべら》などの
しょくぶつを よく みかけます。
かだんには、はちなどの
むしも います。
はや はなの みつや
かふんは、むしの
ごちそうだからです。

がいろじゅ
かだん
くまばち
スイートピー《すいーとぴー》
チューリップ《ちゅーりっぷ》
てんとうむし
あぶらむし
ビオラ《びおら》

おうちのかたへ

公園の植え込みや花壇では、手入れされた色とりどりの花が咲き、私たちを楽しませてくれます。植物が、目立つ色で美しい花を咲かせたり、よい香りをさせたりするのは、虫を招くためです。植物はおしべの花粉がめしべの先につくこと（受粉）で、種子を作ります。食べ物を求めてやってきた虫は、体に花粉をつけて運び、受粉の手助けをするのです。虫と植物は互いに利用し合う関係です。

虫の助けがなくても、風や水を利用して受粉する花もあります。例えば、スギ花粉は、風によって遠くまで飛散します。これが、人の体内に入ると、花粉症を引き起こします。

くろあげは
はなみずき
うえこみ
おおむらさき
はなむぐり
はと
ガーベラ《がーべら》
みどりがめ
ひきがえるのたまご
いけ
こい
きたては

まちの しぜん なつ

せみの こえが ひびく
なつの ひ。あつい たいようの
ひざしを あびて、しょくぶつは、
おおきくなるよ。

なつは、たいようの
ひかりが つよく、
あめも たくさん
ふります。
そのため、しょくぶつは、
ぐんぐん せいちょうします。
つばめは、ひなに あげる
えささがしの
まっさいちゅうです。

くすのき
あおすじあげはの ようちゅう
あぶらぜみ
つばめ
あきち
おおあれちのぎく
フェンス《ふぇんす》
やぶからし
こひるがお
えのころぐさ
とのさまばった
ひめじょおん
もんきちょう

おうちのかたへ

植物は根から水を吸い上げ、太陽の光をあびて光合成をし、炭水化物などの養分を作り出します。夏は、太陽が高くまで上がり昼の時間が長いため、たくさん日光が当たります。そのうえ、雨も多いので植物は急成長します。虫たちの活動も最盛期です。

ツバメは夏を日本で過ごす渡り鳥です。えさになるハエやハチなどが出てくるころに日本にやってきて、飛び回っては虫を捕まえて巣で待つひなに届けます。

ツバメは寒くなるころ子育てを終え、フィリピンなど南の国に渡って冬を越します。夏に日本にやってくる渡り鳥には、ほかにカッコウやホトトギスなどがいます。

まちの しぜん あき・ふゆ

しょくぶつの はが いろづき、
みを つける きせつ。
おいしそうな みを
とりが ついばんでいるね。

あきから ふゆに かけて、
きの はは、あかや きいろに かわり、
みも なります。
むしは、さむい ふゆが にがてなので、
たまごや さなぎの じょうたいで
すごす ものも います。

むくどり
いちょう
がいろじゅ
ひよどり
くろがねもち
おなもみ
ふな
なみあげはの さなぎ

おうちのかたへ

太陽の高さが低いために光が弱く、また、昼の時間が短いため、寒くて食べ物も少なくなる冬は、生き物にとって過ごしづらい季節です。そのため、秋を迎え、涼しくなってくると、生き物はそれぞれ越冬の準備をはじめます。

虫は、樹皮や岩の隙間、落ち葉の下や土の中にもぐりこみ、春を待ちます。卵や幼虫、蛹《さなぎ》の姿で冬を越すものもいます。カマキリの卵は、厚いスポンジのような卵嚢《らんのう》で包まれ、寒さなどから守られています。

また、秋になると、多くの樹木は紅葉し、果実をつけます。それらを落とすと、冬芽を作り、春まで成長を待ちます。

くすのき
じんじゃ
いろはもみじ
かき
からす
せいたかあわだちそう
かわ
みのむし
まがも（おす）
まがも（めす）
よし
かまきりのたまご

たはたや のの
しぜん　はる

まちから すこし はなれた ところに、
ひとが くらす さとが ひろがって います。
さとには、 たんぼや ようすいろ、
ちかくには、 ぞうきばやし（➡32ページ）も あります。
このように、 ひとが てを
くわえて りようして いる しぜんを
「さとやま」 と いいます。

あたたかい はるの きせつ。
たうえが はじまった たんぼの
まわりには、 むしや はななどの
いきものが いっぱいだよ。

おうちのかたへ

人が暮らしている里のすぐ近くにあり、人びとが管理し生活に利用してきた自然を「里山」といいます。雑木林があり、その近くに田んぼ（水田）や畑が広がっているようなところです。田んぼの近くには、農道、ため池や用水路なども見られます。燃料にする薪《まき》を手に入れたり、山菜を採ったりするなど、里

山の自然は人の生活に深く結びついてきました。人が利用しやすいように手入れをすることで、さまざまな草木が育ち、多くの生き物が暮らす自然環境が生まれてきたのです。春の田んぼでは、土を耕し、水を入れて、田植えがおこなわれます。畑のネギは葱坊主《ねぎぼうず》といわれる花をつけます。

ぞうきばやし
とび
たうえ
みやませせり
たんぼ
あおさぎ
すみれ
はなばち
せり
きあげは
たんぽぽ
ふきのとう
つくし

たはたや のの しぜん なつ

あめあがりの ひ、たんぼへ
でかけたよ。あめが だいすきな
あまがえるが はっぱの
うえで ゲロゲロ《げろげろ》 ないている。

いねは、 たいようの ひかりを あびて、
おおきく せいちょうします。
たんぼの みずの なかは、
おたまじゃくしや、 たにしなど、
いきものたちで いっぱいです。

みやまからすあげは
やぶかんぞう
きじ（めす）
きじ（おす）
くさむら
かたばみ
いたどり
やまとしじみ
おもだか
いもり
あまがえる

おうちのかたへ

田んぼは、カエル、イモリといった両生類や、ゲンゴロウやアメンボなど、水中や水面で暮らす虫（水生昆虫）にとって、とても暮らしやすい場所です。田んぼの中の藻などを食べるタニシは、食用にもなる貝です。食べ物を求めていろいろな生き物が集まっています。

メダカは、田んぼに水のない冬の間は用水路で暮らし、春に水が引かれると田んぼの温かい水に移動してきます。最近では数が少なくなり、絶滅危惧種に指定されています。

イネは夏になると、小さな花を咲かせます。これらが受粉すると、秋になるころに、米のもととなる種子が実ります。

かっこう
みんみんぜみ
やまゆり
たぬき
たんぼ
いね
あめんぼ
こばねいなご
げんごろう
めだか
たにし
おたまじゃくし

たはたや のの しぜん あき・ふゆ

いねの みが ふくらみ、
いなほが たれさがって きました。
いよいよ かりいれの きせつです。
はたけでは、 さつまいもの
しゅうかくを して います。
あきは、 おおくの
しょくぶつが みのります。

ぞうきばやし
てんぴぼし
かりいれ
たんぼ
すすき
ひがんばな
いね
なつあかね
ようすいろ
こおろぎ
しょうりょうばった
とかげ

あきに なると、 ぞうきばやしの
いろが あかや きいろに そまる。
はが おちて やがて
さむい ふゆが くるんだよ。

おうちのかたへ

コオロギやスズムシなどの虫たちが、メスを呼ぶために鳴きはじめる秋。里山は、実りの季節になりました。田んぼではイネが収穫され、サツマイモやサトイモ、カボチャなどの野菜、カキ、ブドウ、ナシなどの果物や、いがのついたクリの実もたくさんとれます。

紅葉は、一般に1日の最低気温が8度以下になるころからはじまるといわれています。国内では、緯度が高い北海道から、また、同じ緯度であれば、標高の高い場所から色づいていきます。平地で紅葉している時期でも、標高の高い山頂部では気温が2～3度になって雪が降ることもあります。

ぞうきばやしの しぜん はる

ぞうきばやしの きには、
あたらしい めが でてきたよ。
じめんには、きれいな はなが さき、
たけのこ、わらびも はえてきた。

ぞうきばやしには、たくさんの きが はえていて、どうぶつや むしの たべものが たくさん あります。ふだんは おくやまに くらす くまも、はるは あたらしい め（しんめ）を もとめて やってくる ことも あります。

ちかくの さとに すむ ひとたちが さんさいを とりに はいると、いろいろな どうぶつと であう ことも あります。

やままゆの ようちゅう
こならの しんめ
たけのこ
たけばやし
いのしし
くちき
つきのわぐま
るりしじみ

おうちのかたへ

燃料となる木材として、伐採しても早く枝を伸ばすコナラやクヌギなどを家の近くで育てたりするなど、人が利用しやすいように手を加えた林を雑木林といいます。人が余分な枝を切ったり（もやかき↓41ページ）、下草を刈ったり（したがり↓41ページ）、落ち葉をとったり（おちばかき↓37、41ページ）するなどの手入れをすることで、さまざまな植物が育つ環境が保たれています。

雑木林は本来クマが生息している場所ではないのですが、近年は本来の生息地である奥山が荒れてしまったため、里山まで下りてくることもあります。また、ほかにも人間の生活圏に侵入してくる動物が増えて、問題になっています。

ぞうきばやしの しぜん なつ

かぶとむしを みつけに
はやしに やって きた。
いろいろな むしが、
きの みきに あつまって いるよ。

くぬぎの きから でる
あまい みつは、
かぶとむしや、
くわがたむしなどの
たくさんの むしの
ごちそうです。
みつを めぐって、
ときには けんかする ことも
あります。

あおだいしょう
さわがに
かわ
かわせみ
やまあじさい
おかとらのお
かたつむり
こけ
うばゆり

おうちのかたへ

夏になると、雑木林にあるクヌギにはたくさんの虫が集まってきます。幹についた傷からしみ出す、あまい樹液を吸いにくるのです。

夕方から朝にかけては、カブトムシやクワガタムシ、ガの仲間、日中にはカナブン、スズメバチ、オオムラサキやヒカゲチョウなどがよく見られます。雑木林に漂う甘酸っぱい匂いは、樹液の匂いです。

枯れたり倒れたりして腐った朽ち木も、生き物にとって大切な場所です。コケやキノコも生え、昆虫の隠れ家としても役に立っています。

くぬぎ
くわがたむし
すずめばち
かぶとむし（めす）
ひめねずみ
くわがたむしを
もちあげる
かぶとむし
かぶとむし（おす）
きの みき
かなぶん
おおむらさき
つた
せみの
ぬけがら
たまむし
るりぼしかみきり
くちき

ぞうきばやしの しぜん あき・ふゆ

あきは どんぐりの きせつだよ。はやしに くらす どうぶつは、ふゆを こす ために、どんぐり あつめを して いるね。

あきに なると、こならや くぬぎなどの きは、どんぐりを つけて、はを おとします。はは、つちの うえに くらす ちいさな どうぶつに たべられたり、かびや きのこの えいように なります。

ななふし
いろはもみじ
きつね
こなら
うさぎ
どんぐり
あかねずみ
かけす

おうちのかたへ

昔から、雑木林では、秋になって落ちて積もった葉を、堆肥に利用するために集める「落ち葉かき」がおこなわれてきました。落ち葉は、土にすむヤスデやダンゴムシ、ミミズなどの動物や、カビやキノコなどの菌類が分解してくれますが、積もり過ぎると、春に芽を出すカタクリなどの種子に十分に光が当たりません。雑木林を維持するためには、堆肥があまり使われなくなった今も、落ち葉かきの作業が必要とされています。

ドングリなどの木の実は林にすむ動物たちの貴重な食べ物です。リスやネズミは冬に備えて木の実を集めて地面の下にため込み、そうして埋められたドングリが芽を出すこともあります。

くぬぎ
おちばかき
ひめやままゆ
やぶこうじ
ならたけ
くちき
りす
おちばたけ
じめんの した
みみず
だんごむし
やすで

いきものの なまえに かんけいする ことば①

しょくぶつの なまえ

たんぽぽ

ちいさい はなが たくさん あつまって、ひとつの はなのように みえている。たんぽぽには、にほんの ものと がいこくから きた ものが ある。

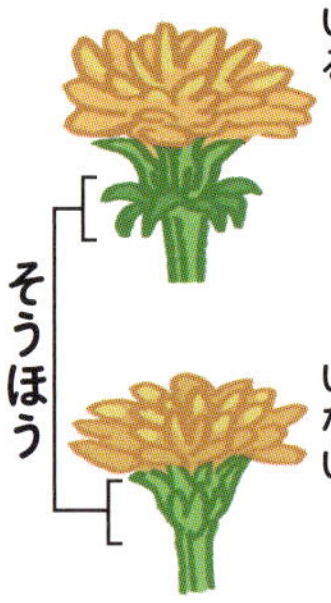

そうほう

がいこくから きた たんぽぽは、そうほうが そりかえって いる。

にほんに もともと ある たんぽぽは、そうほうが そりかえって いない。

わたげ
たね
ちいさい はな

わたげは かぜに のって とんでいく。

そめいよしの

にほんで いちばん おおく うえられている さくらの しゅるい。たねからでは なく、えだを ほかの さくらの きや つちに さして ふやす。

ひまわり

ひとの せより たかく そだち、おおきな はなが さく。たねからは あぶらが とれ、ペット《ぺっと》の えさにも なる。

たね

あさがお

つるを のばして ささえに まきつき、おおきくなる。はなは あさ さいて ゆうがた しぼむ。さまざまな いろや かたちの はなが ある。

あさがおの せいちょう

❶ めが でて、ふたばが ひらく。

ふたば

❷ ふたばとは ちがう かたちの は（ほんば）が でる。

ほんば

❸ つるが のびて、ささえに まきつく。

つる

❹ つぼみが できる。

❺ はなが ひらく。

❻ はなが かれて、たねが できる。

おなもみ

たねには さきが まがった とげが たくさん あり、どうぶつの けなどに くっついて はこばれる。

たね
とげ
たね

こなら

えださきに ほそながい どんぐりが まとまって みのる。どんぐりは りすなどの どうぶつの えさと なる。

どんぐり

いきものの なまえに かんけいする ことば②

こんちゅうの なまえ

くろおおあり

つちの なかに すを つくり、なかまと きょうりょくして、たべものを あつめる。

あぶらぜみ

おなかの なかに ある まくを ふるわせ、ジージー《じーじー》と なく。おとが よく ひびくように おなかの なかは くうどうに なっている。

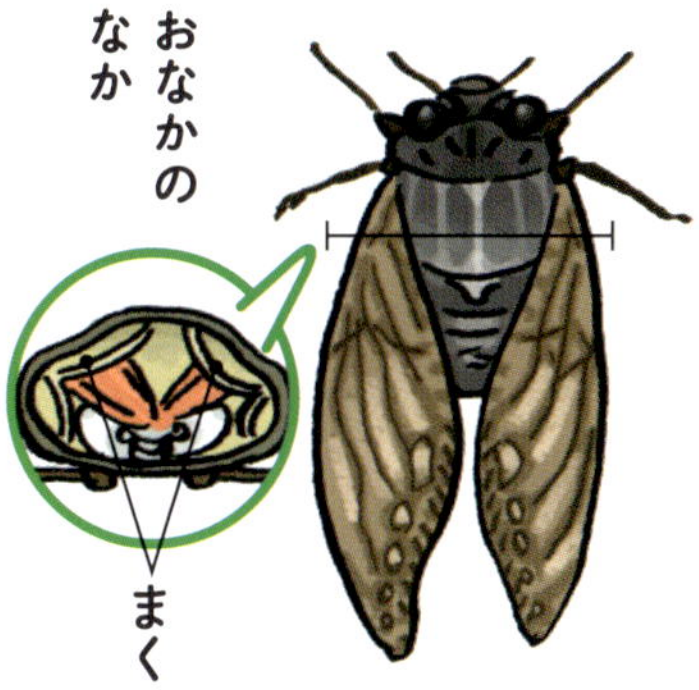

かぶとむし

くぬぎなどの きから しみでる しるを たべる。つのが あるのは おすで、くわがたむしと しるの とりあいで けんかに なる ことも ある。

ななふし

まるで えだのように みえる ほそい からだを している。このため、むしを たべる とりなどの てきに みつかりにくい。

なみあげは

いえの まわりでも よく みる あげはちょう。せいちゅうは はなの みつを すい、ようちゅうは みかんや さんしょうの はを たべて そだつ。

なみあげはの せいちょう

❶ たまごは ようちゅうが たべる はに うみつけられる。

❷ たまごから ようちゅうが でてくる。

❸ かわを ぬぎすて、みどりいろの ようちゅうに なる。

❹ いとで からだを ささえ、さなぎに なる。

❺ さなぎから でてくる。

❻ はねを ひろげて せいちゅうに なる。

こんちゅういがいの いきものの なまえ

だんごむし

かにや えびの なかまで、せなかがわは かたい からで おおわれている。つつかれると まるまって みを まもる。

じょろうぐも

おおきくて めの こまかい すを はり、ちょうや とんぼ、せみなど、とんでくる むしを つかまえて えさに する。

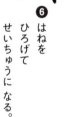

いきものの なまえに かんけいする ことば③

どうぶつの なまえ

つきのわぐま

おもな たべものは きのみなどの しょくぶつ。やまに たべものが すくないと ひとざとに でてくる ことも ある。ふゆは ほらあなの なかで うごかず、ねむりつづける。

にほんざる

せかいで いちばん きたの ほうに すむ さる。むれで いどうしながら、しょくぶつや むしなどを たべ、くらしている。

りょうせいるいの なまえ

あまがえる

みずの ちかくで むしを つかまえて たべて くらしている。たまごから かえってから しばらくは、みずの なかで おたまじゃくしとして せいかつします。

あまがえるの せいちょう

❶ たまごは たんぼなどの みずの なかに うみつけられる。

❷ たまごから かえって おたまじゃくしに なる。

❸ うしろあしが はえ、やがて まえあしも はえる。

❹ しっぽが みじかくなっていき、りくに あがる。

はちゅうるいの なまえ

へび

からだを くねらせて すすみ、おおきく ひらく くちで とりの たまごや かえる、ねずみなどの ちいさい どうぶつを のみこんで たべる。

とかげ

ひなたで よく にっこうよくを している。てきに おそわれると しっぽを きって にげるが、しっぽは また はえてくる。

とりの なまえ

からす

とても あたまの いい とりで、ひとが だした ごみも たべる。よるに なると、きの しげった ばしょに もどり、そこで ねる。

つばめ

なつ、にほんに やってきて こそだてを し、あきに なると、また とおい みなみの くにに もどって いく わたりどり。のきしたなどに すを つくる。

さと・さとやま

ひとが くらしている まちや さとと、もりや やまの あいだに ある、ひとと かかわりが ふかいと いわれている しぜん ゆたかな ばしょを さとやまと いう。

さとやまの ちかくに ある さとには、ひとが くらしていて、たんぼや はたけ、ぞうきばやしなど、さとやまの しぜんが こわれないように、たもちつづけている。

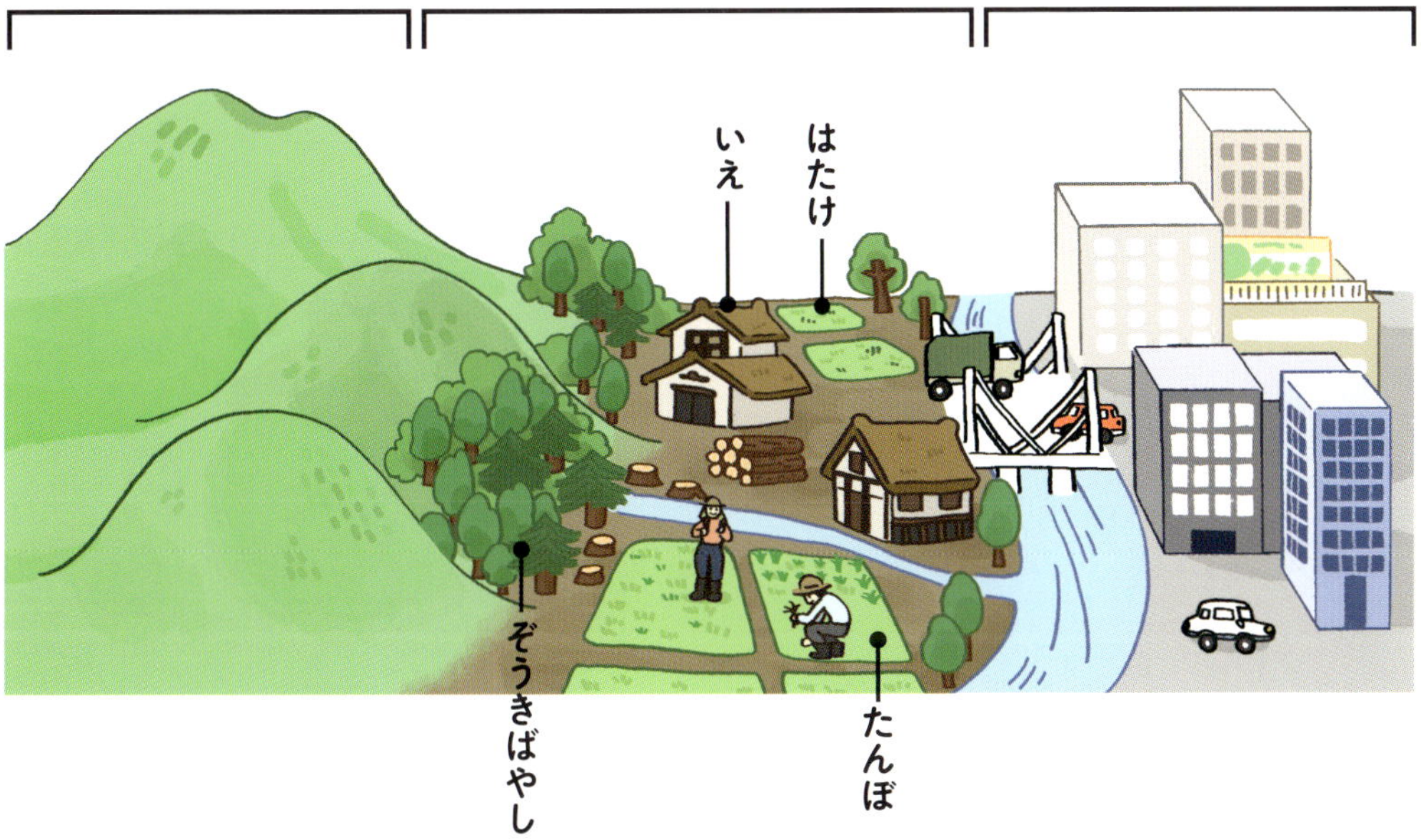
まち
さと・さとやま
もり・やま
はたけ
いえ
ぞうきばやし
たんぼ

ぞうきばやし

たきぎに する ための きを きったり、さんさいや きのこを とったりして、むかしから ひとが りようしてきた はやし。ずっと りようできるように する ためには、ていれが ひつよう。

もやかき

きを きった あとの きりかぶから はえてきた えだの かずを へらし、おおきな きに せいちょうさせる こと。

したがり

ひつような きが すくすく そだつように、まわりの ざっそうや よぶんな ひくい きを かりとる こと。

おちばかき

つもった おちばを かきあつめて、はるに めを だした しょくぶつに ひが あたるように する こと。

やって
みよう

いきものずかんを つくろう

いきものを スケッチ《すけっち》して、ずかんを つくろう。

いえの ちかくで みられる
いきものを えに かこう。
えに かいた いきものに ついて、
ほんで くわしく しらべ、
わかった ことを ノート《のーと》に
まとめてみよう。

つかうもの

- ノート《のーと》
- えんぴつ
- いろえんぴつ
- きろくようの カメラ《かめら》
- ずかんなど、いきものに ついて かかれた ほん

①
そのばで
ノート《のーと》に
スケッチ《すけっち》しよう。
きろくように、
カメラ《かめら》で しゃしんも
とっておこう。

②
さつえいした
しゃしんを みながら、
どのような いきものか、
ほんで しらべよう。

③
しらべた ことを
ぶんしょうに して、
ノート《のーと》に かこう。

せいようたんぽぽ
がいこくから にほんに
やってきた しょくぶつ。
しろい わたげを つくって、
とばす。
もんしろちょう
あかるく ひらけた ばしょを
よく とぶ。
はなの みつを すう。

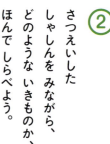

3 もりや うみと いきもの

もりの なか、かわの なか、
うみの なかなど、
いきものは、
ちきゅうじょうの
さまざまな ばしょに
すんでいるよ。
じぶんに あった
ばしょを えらんで
くらしているんだね。

もりの いきもの

たくさんの きが ある もりには、
かくれる ばしょが おおい。
どうぶつや とり、むしなどが
いろいろな ばしょに いるよ。

しぜんが ゆたかな もりには、 さまざまな いきものが います。
たかい きの うえや、 きの あな、 じめん、 つちの なかなど、
じぶんの すむ ばしょを きめて、
たべものを さがしながら くらしています。

きの うえ
じめん
つちの なか
くまぜみ
むささび
やまね
うぐいす
りす
きつつき
きつね
つきのわぐま
いのしし
たちつぼすみれ
たぬき
かぶとむしの ようちゅう
もぐら

おうちのかたへ

森には木があるだけではなく、植物を食べる虫や鳥、小さな動物、その小さな動物を食べる中型や大型の動物など、たくさんの生き物が暮らしています。生き物たちは、ほかの生き物と密接に関わり合い（競争・共生し）ながら、樹木に囲まれた環境の中で生態系を築いています。

生き物の暮らす場所はさまざまです。地面や地中、木の上、木のうろなど、それぞれの敵から身を隠せる、安全な場所を探して暮らしています。

森は季節によって、環境が大きく変わります。食べ物が少ない冬は、ツキノワグマやヤマネなど、冬眠する生き物もいます。

かわや みずべの いきもの

かわの なかや、 みずべ、 いけや みずうみは、 さかなや とり、 かえる、 かめなどの いきものが たくさん くらしているんだ。

かわは、 やまから ながれてきます。 やまに ちかい ところや、 うみに ちかい ところなど、 ばしょに よって みずの おんどや ながれの はやさなどが ちがう ため、 いきものは、 じぶんに あった ばしょで せいかつしています。

じょうりゅう

ながれが はやく、 みずが きれい。 おおきい いわや いしが ころがっている。

ちゅうりゅう

かわの はばが ひろくなり、 ながれが すこし おそくなる。 おおきい いわが みずの ながれで けずられ、 ちいさい いしに なる。

おうちのかたへ

川は、雨が養分を含んだ森の土に浸み込んだあと、地下から湧き出た水を源流とし、山から海まで流れていきます。

川の上流、中流、下流は、それぞれ環境が違うので、すんでいる生き物が異なります。上流は水がきれいですが、水温が低く流れも速いので、そこにすむ生き物は限られています。中流では水温が上がり、川幅も広がって流れが少し穏やかになり、川底に泥がたまります。魚、甲殻類など、生き物の種類も増えます。下流は、さらに流れが遅くなり、川底の泥が増え、生活排水なども流れてくるため、汚れた場所でも生きられる生き物がいます。河口へと近づくと、塩分を含んだ汽水にすむ魚も混ざってきます。

うみや うみべの いきもの

うみの まわりには、すなはまや、
どろで できた ひがたなどが あり、
さまざまな いきものの すみかに なって います。
うみの なかでは、あさい ところから
そこの ほうまで いきものたちは、
それぞれ くらしやすい ところで
くらして います。

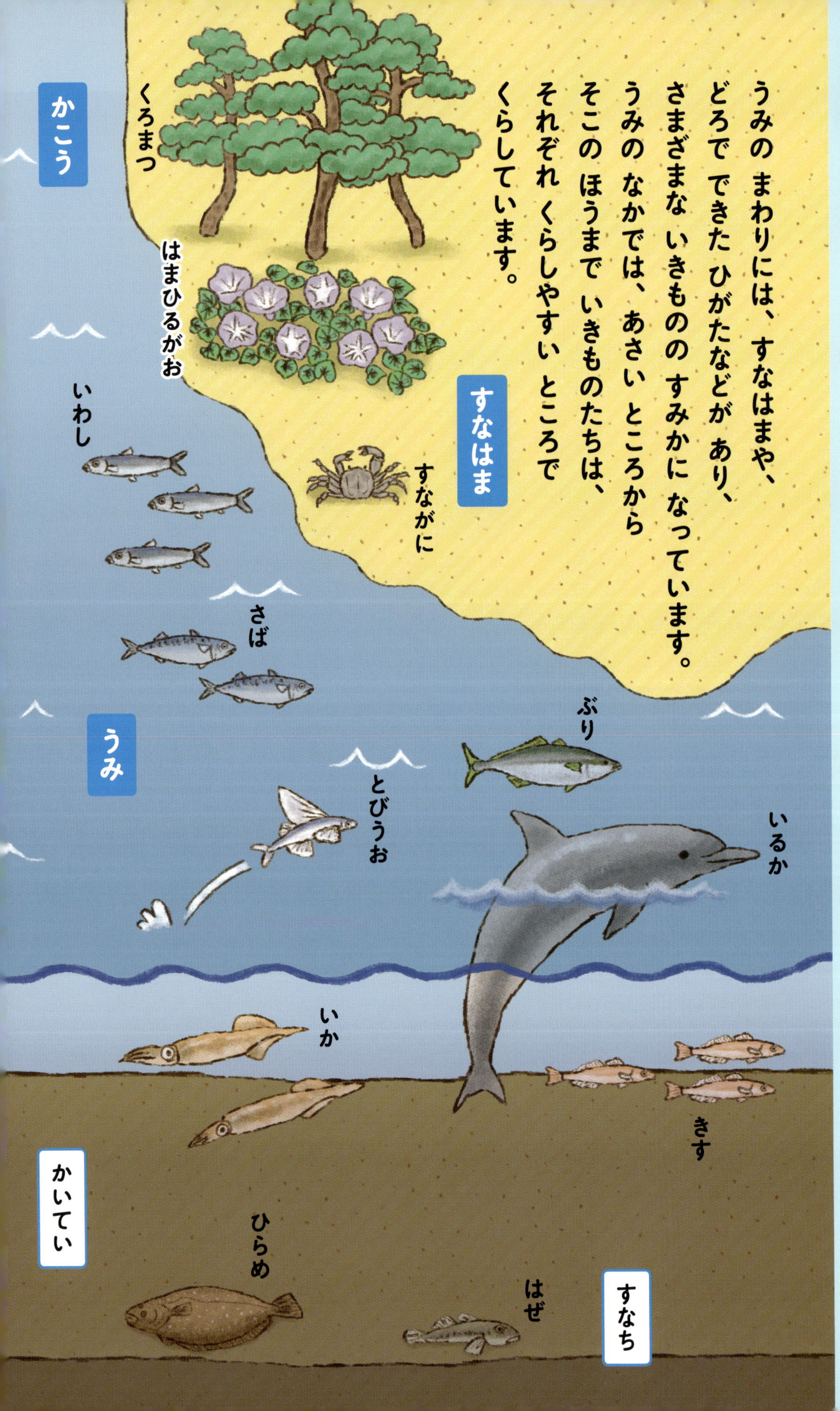

かこう
くろまつ
はまひるがお
すなはま
すながに
いわし
さば
うみ
ぶり
とびうお
いるか
いか
きす
かいてい
ひらめ
はぜ
すなち

うみの なかや、うみべには
たくさんの いきものが
くらして いるよ。さかな、
かい、くらげ、いろいろ いるね。

おうちのかたへ

海の生き物は、その暮らし方によって大きく3つに分けられます。魚など海を自由に泳ぐ種類、クラゲなど泳ぐ力が弱く海中を漂っている種類、ウニなど海底でじっとしている種類です。この中で、海中を漂う種類は、プランクトンといい、微生物から、クラゲのような大きなものまでいます。

海には、砂浜、岩場、干潟などの環境があり、それぞれの場所に適応した生き物がすんでいます。特に、干潮時に現れる干潟は、川から流れ込む養分が豊富な環境で、ムツゴロウや、貝やカニ、鳥などが見られ、生き物の宝庫となっています。しかし近年、開発による埋め立てなどで失われつつあります。

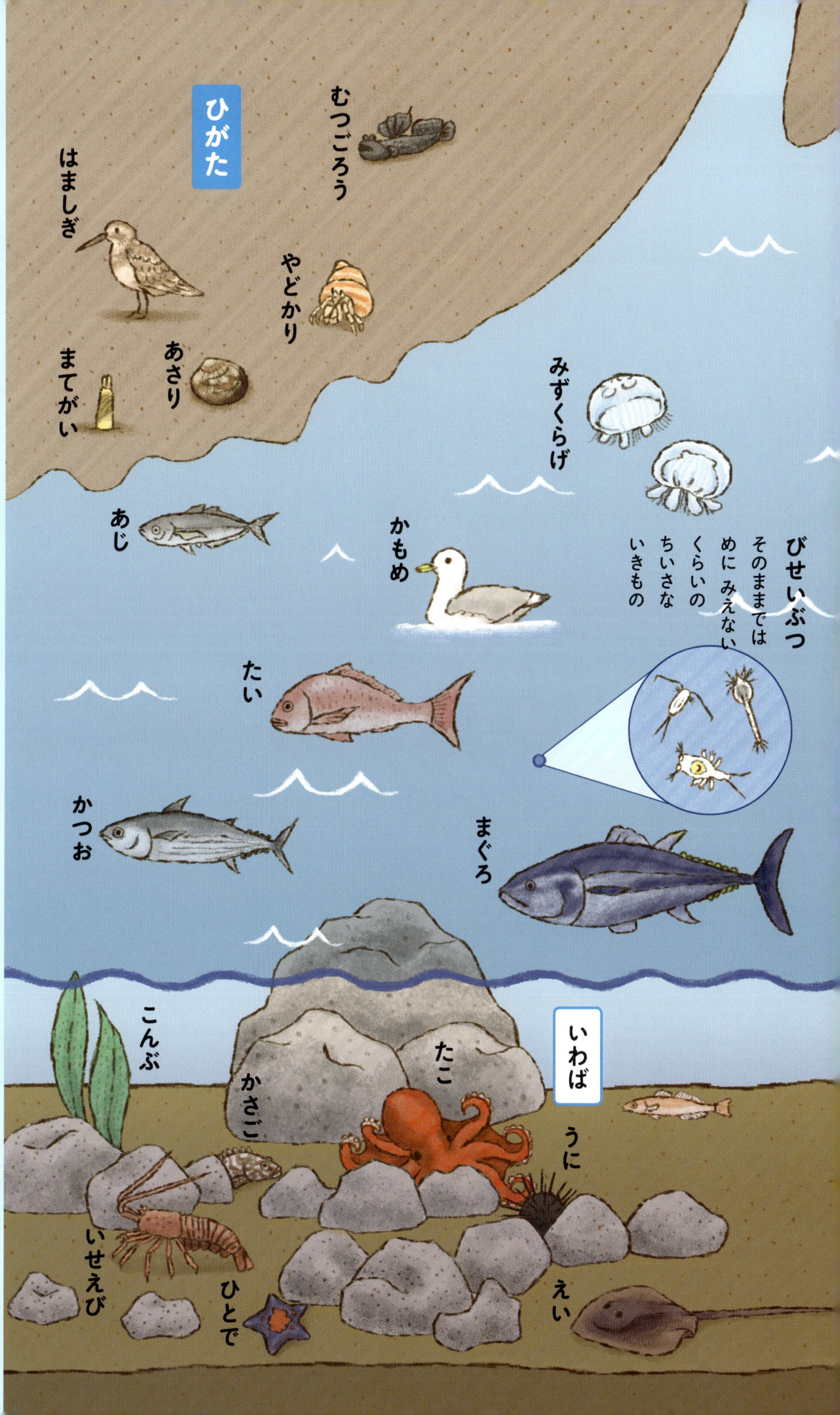

いきものの たべる、たべられるの つながり

どうぶつは いきていく ために、なにかを たべているよ。はんたいに、ほかの どうぶつに たべられる ことも あるんだよ。

しぜんの なかには、じぶんが せいちょう するために ひつような ようぶんを つくる しょくぶつ、それを たべる どうぶつ、さらに そのどうぶつを たべる どうぶつが います。このような、たべる、たべられるの かんけいを「しょくもつれんさ」と いいます。しんだ どうぶつや、いきものの ふんは、つちの なかの いきものに よって、ようぶんに かわります。

ようぶんを つくる しょくぶつ
しょくぶつが つくった ようぶん（たんすいかぶつ）は、はや ね、みに たくわえられる。
しょくぶつを たべる どうぶつ
くさや きのみを たべる。
たべられる
つちの なかの ぶんかいされた ようぶんを きゅうしゅうする。
ようぶん（むきぶつ）

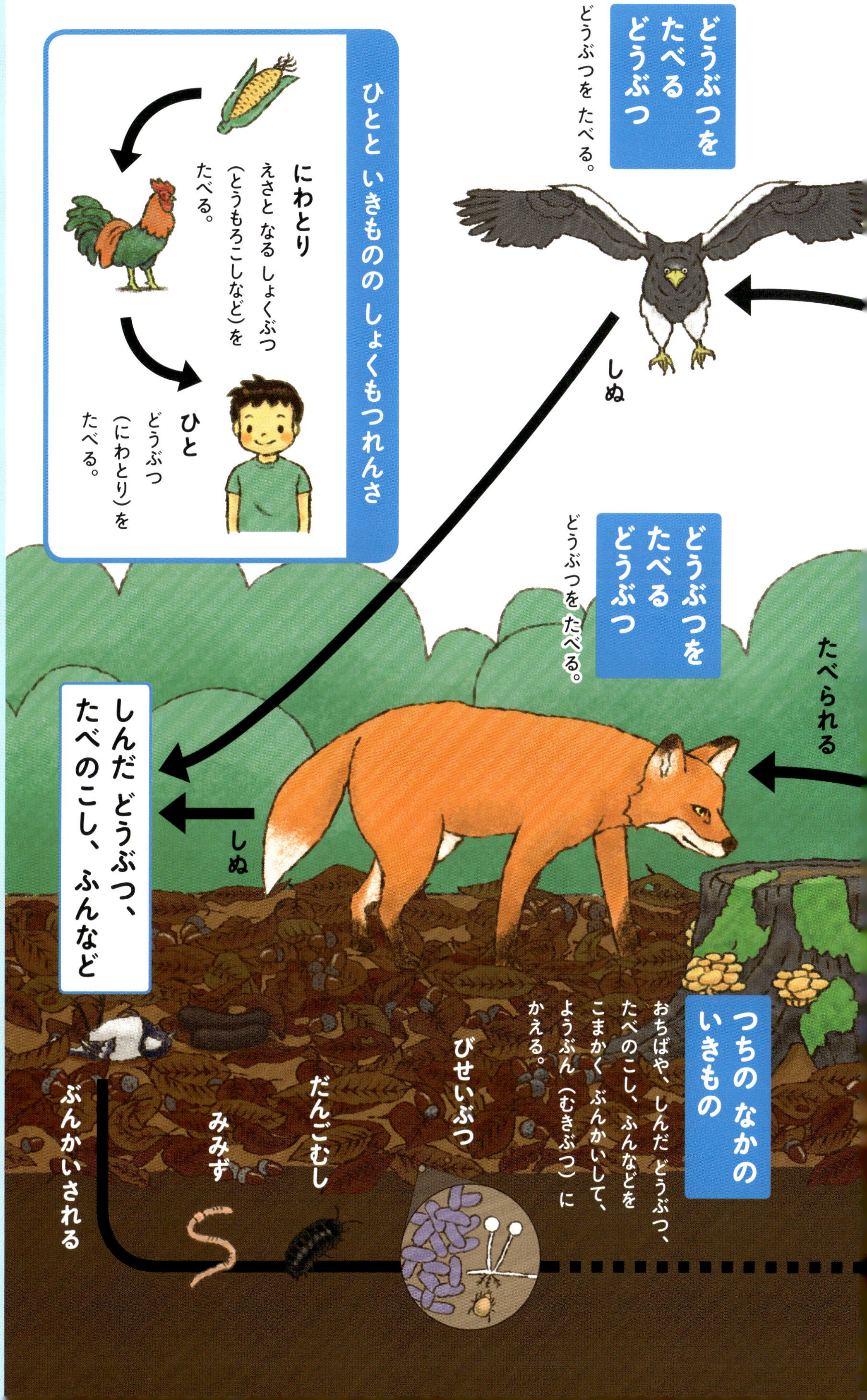

おうちのかたへ

食物連鎖において、生き物は大きく3つの役割に分かれます。光合成によって、自分で養分（でんぷんを含む炭水化物）を作る植物を「生産者」、動植物を食べて生産者の作った養分を得る動物を「消費者」、動植物の死骸や糞《ふん》を植物が吸収しやすい形（窒素やリンなどの無機物）に分解する生物を「分解者」といいます。

消費者はさらに、植物を食べる「第一次消費者」、それを食べる「第二次消費者」と連鎖していて、それぞれの段階の個体数は環境によって異なります。ある程度食べられてもその動物が減り過ぎないように、食べられる動物より食べる動物のほうが少なくなっていることで、自然界のバランスが保たれています。

のやまの いきものの つながり

もりや のやまなど、りくで せいかつする いきものたちが、たべたり、たべられたりする ことで どのように つながっているのか みてみましょう。

しんだ どうぶつや ふんも つちの なかの ようぶんに なる。しぜんには むだな ものは なにも ないんだよ。

どうぶつ

もりや やまの どうぶつたちは、しょくぶつや どうぶつを たべて いきている。

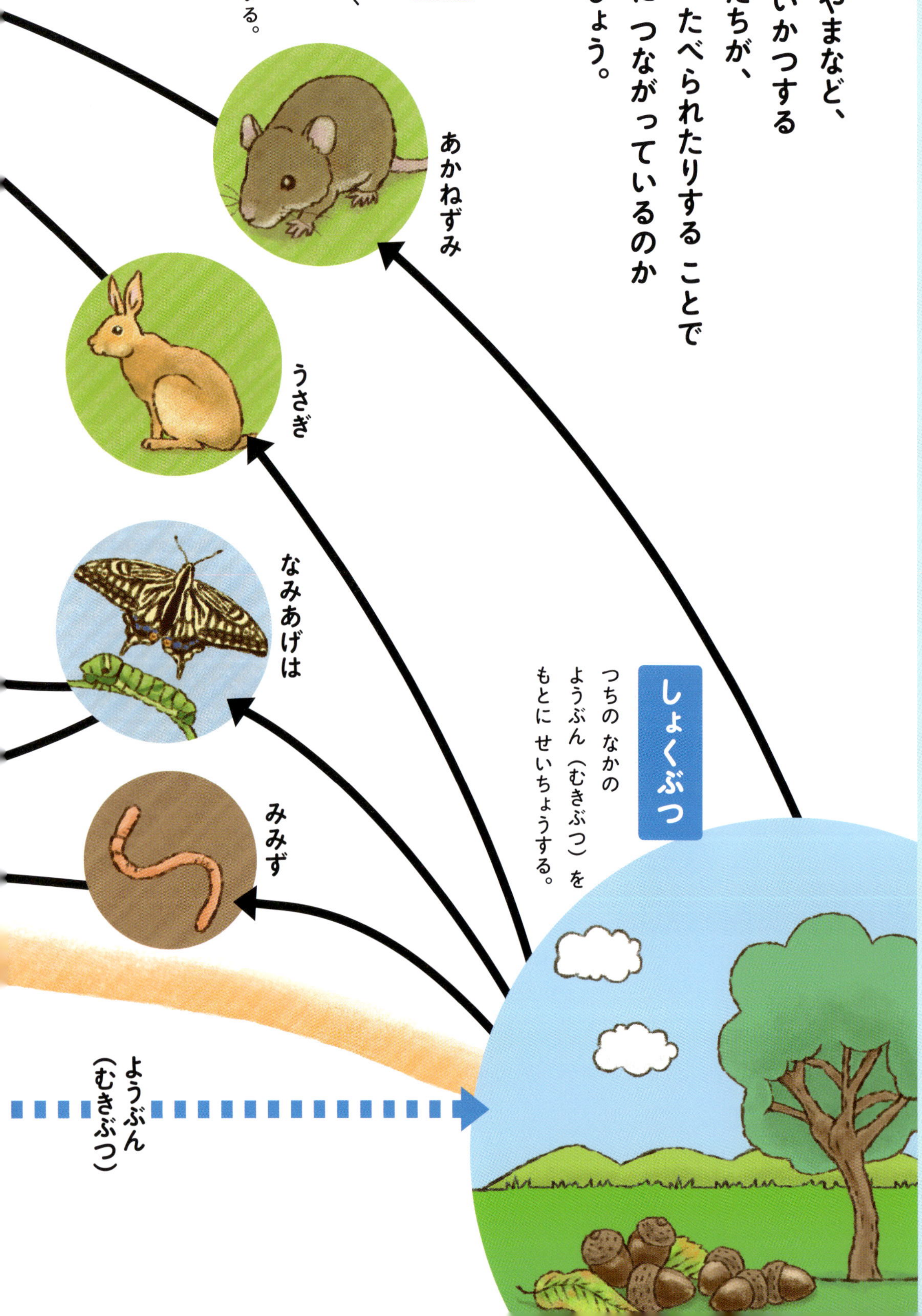

あかねずみ
うさぎ
なみあげは
みみず
しょくぶつ
つちの なかの ようぶん（むきぶつ）を もとに せいちょうする。
ようぶん（むきぶつ）

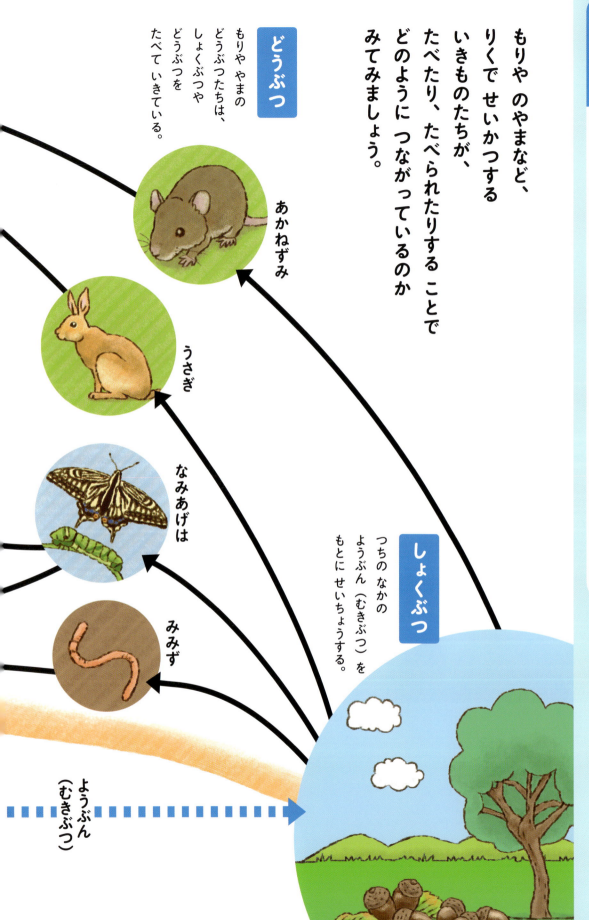

おうちのかたへ

動物は、何かを食べないと生きてはいけません。食物連鎖では、植物である生産者を出発点として、さまざまな種類の動物たちの間に、「食べる、食べられる」の関係が成り立っています。右のような関係では、消費者の頂点はタカやワシになります。タカやワシを含むすべての生き物は、死ぬと、分解者である土の中の微生物（カビやバクテリアなど）によって、窒素、リンなどの無機物に分解され、土の中の養分になります。それらは、植物の根から吸収され、植物が成長するための材料になり、成長した植物は動物たちに食べられます。このように、生態系の中の物質は循環しています。

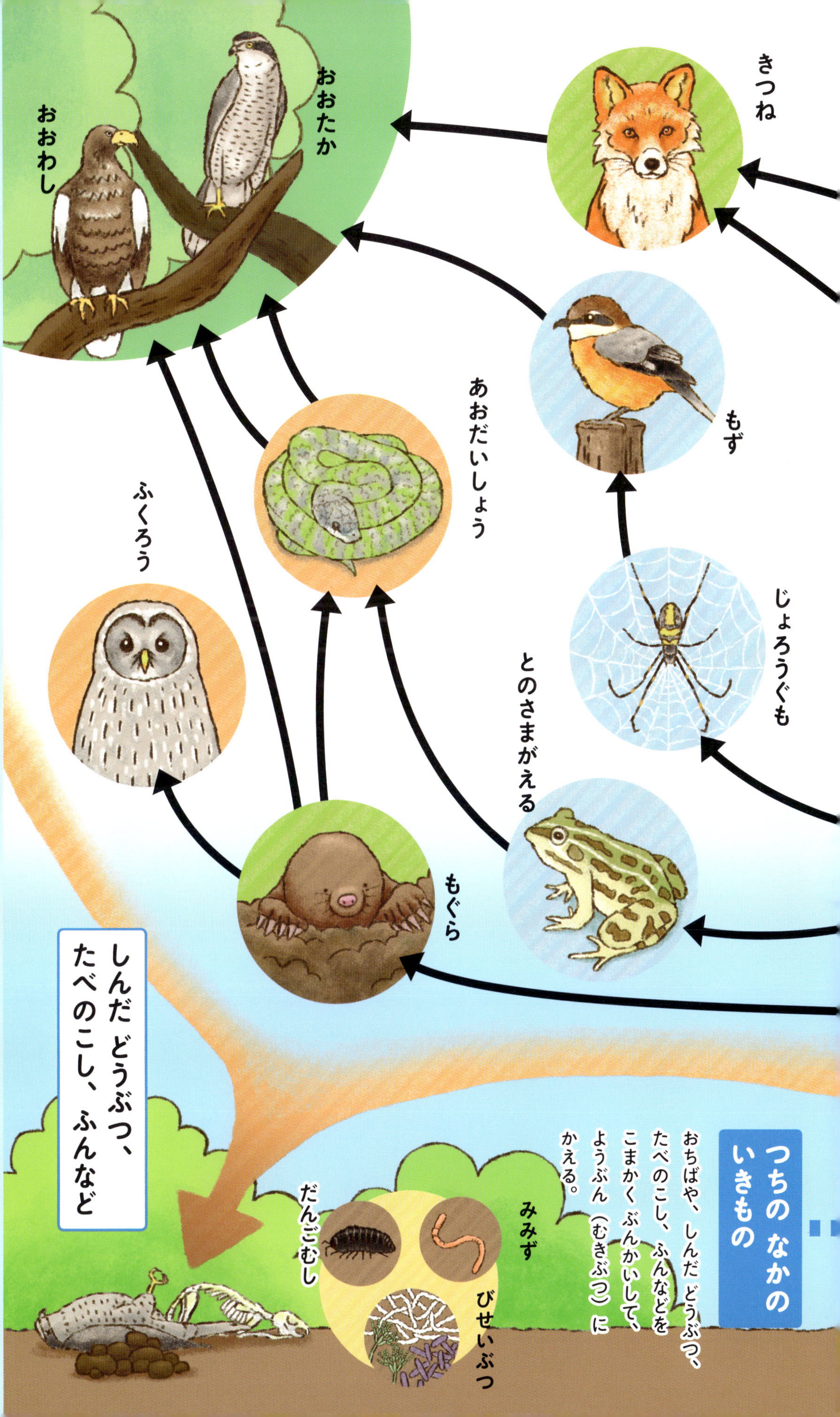

おおたか
おおわし
きつね
もず
あおだいしょう
ふくろう
じょろうぐも
とのさまがえる
もぐら
しんだ どうぶつ、たべのこし、ふんなど
つちの なかの いきもの
おちばや、しんだ どうぶつ、たべのこし、ふんなどを こまかく ぶんかいして、ようぶん（むきぶつ）に かえる。
だんごむし
みみず
びせいぶつ

みずの なかの いきものの つながり

みずの なかの いきものたちは、なにを たべて いるのかな。プランクトン《ぷらんくとん》って なんだか しって いる？

みずの なかで くらす いきものたちも、たべたり、たべられたりしながら、くらして います。

どうぶつ

かに、えび、かい、たこ、さかな、くじらなど。かに、えびの こども（どうぶつプランクトン《ぷらんくとん》）のように めに みえないほど ちいさな ものから、おおきな ものまで いる。しょくぶつ プランクトン《ぷらんくとん》や、どうぶつを たべて いきて いる。

しょくぶつ

めに みえないほど ちいさな ものから、かいそうなどの おおきな ものまで ある。

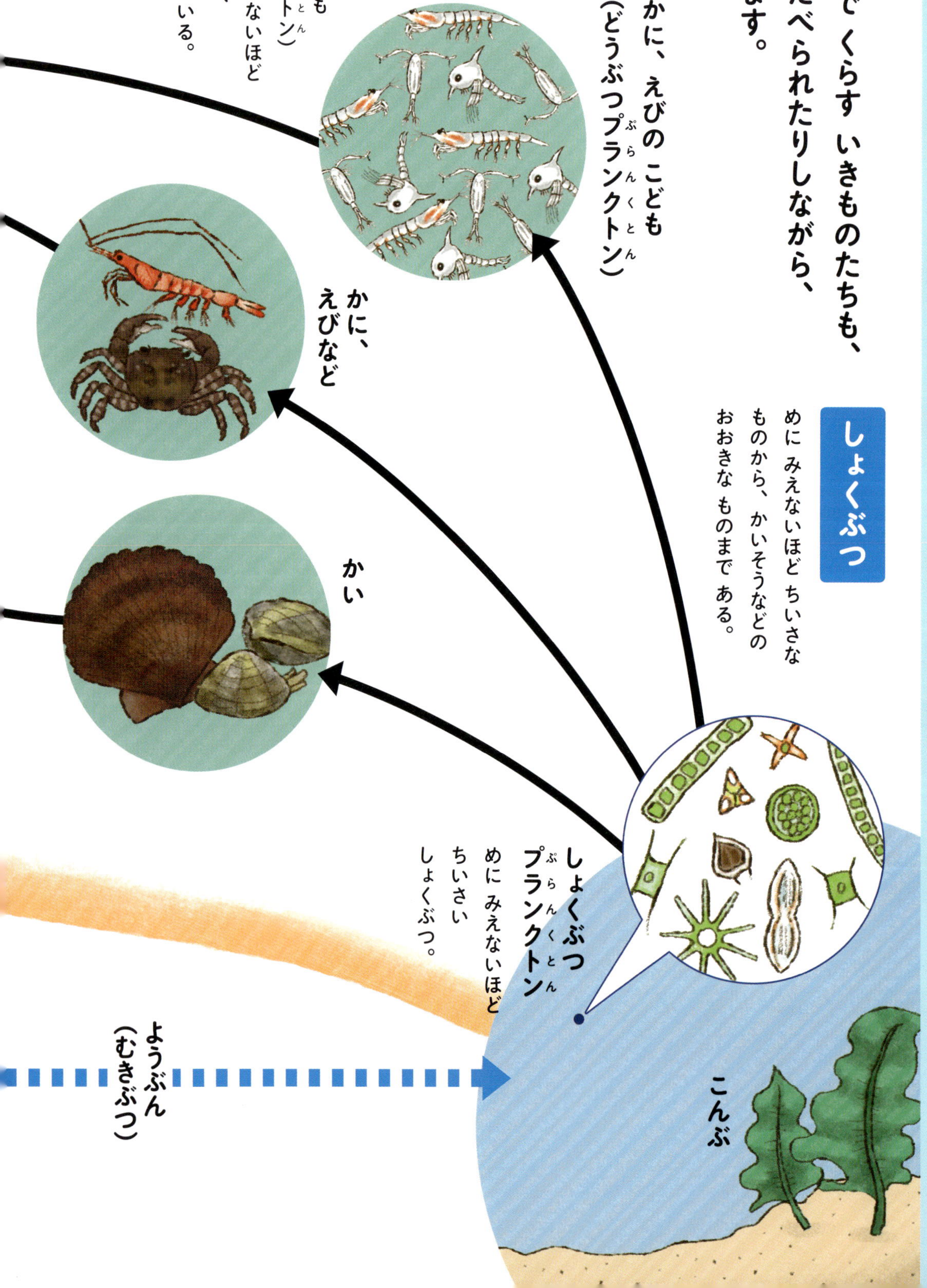

かに、えびの こども（どうぶつプランクトン《ぷらんくとん》）
かに、えびなど
かい
しょくぶつ プランクトン《ぷらんくとん》
めに みえないほど ちいさい しょくぶつ。
ようぶん（むきぶつ）
こんぶ

おうちのかたへ

水中の生産者は、コンブやワカメなどの海藻や「植物プランクトン」と呼ばれる肉眼で見えないほどの小さな植物です。陸上植物と同じように光合成をおこない、養分（でんぷんを含む炭水化物）を作っています。

　それを食べるのが、「動物プランクトン」と呼ばれるカニや、エビなどの幼生です。動物プランクトンは、「第一次消費者」で、それを食べる小魚などが「第二次消費者」となり、頂点には大型の哺乳類がきます。

　海の中の糞《ふん》は水中に散らばり、死骸は、カニなどに食べられて細かくなって浮遊します。最終的に分解者であるバクテリアなどの微生物がそれを分解し、生産者の養分になります。

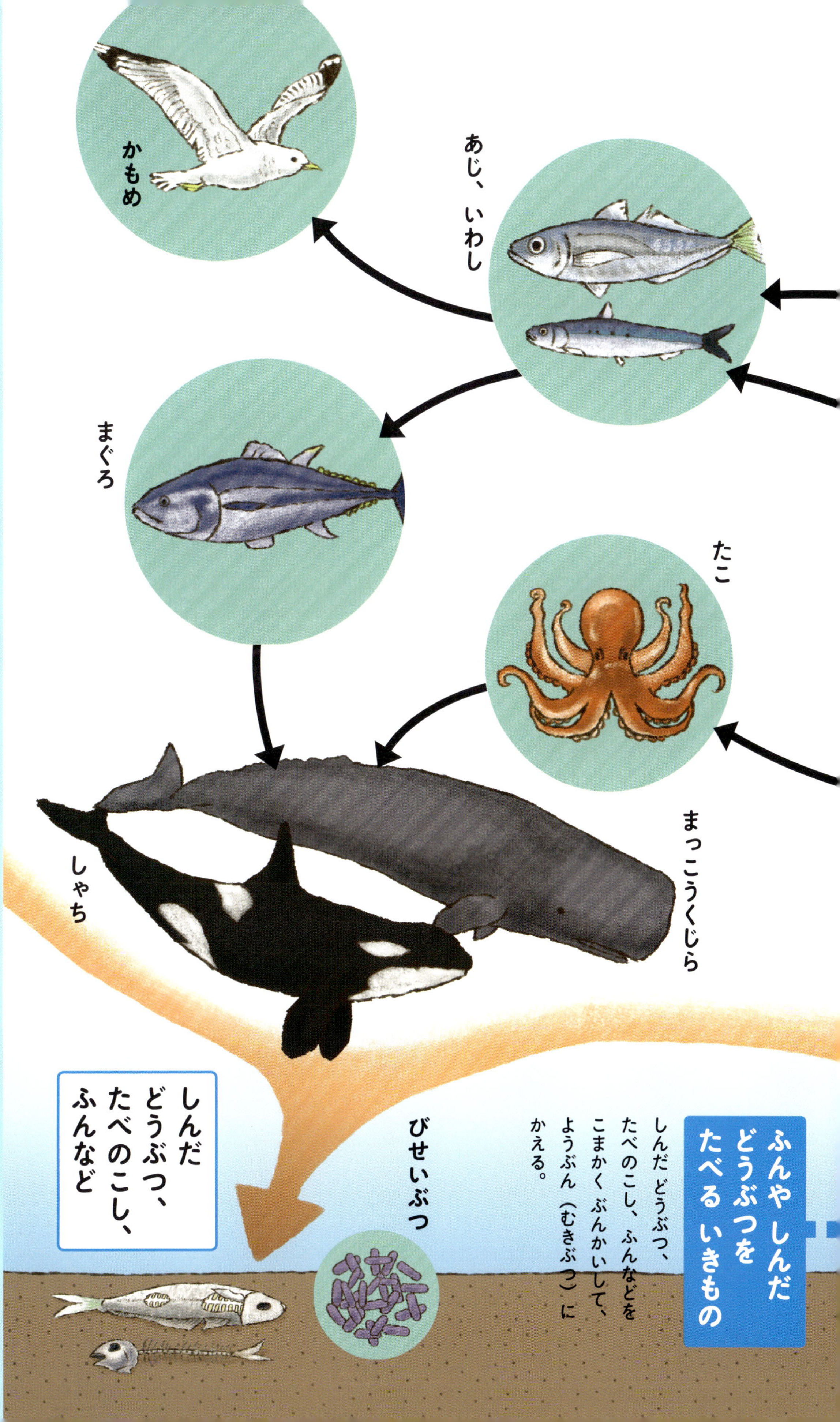
かもめ
あじ、いわし
まぐろ
たこ
まっこうくじら
しゃち
しんだ どうぶつ、たべのこし、ふんなど
びせいぶつ
ふんや しんだ どうぶつを たべる いきもの
しんだ どうぶつ、たべのこし、ふんなどを こまかく ぶんかいして、ようぶん（むきぶつ）に かえる。

もりの はたらき①
もりは さんそを つくる

もりに ある きや くさは、
いきものが いきていく ために
ひつような さんそを
つくっているんだよ。

くうきの なかには、
ちっそ、さんそ、
にさんかたんそなどの
ガス《がす》が ふくまれています。

わたしたちは、
いきを する とき、
さんそを からだに とりこみ、
にさんかたんそを からだの
そとに だしています。
さんそは、いきものが
いきていく ために
ひつような ものです。
さんそは、しょくぶつが
こうごうせいする ときに、
できます。

こきゅう

いきものが いきを する こと。
さんそを からだに とりこみ、
にさんかたんそを からだの そとへ だす。

こうごうせい

しょくぶつは、
にさんかたんそと
たいようの
ひかり、みずを
ざいりょうに、
ようぶん
（たんすいかぶつ）と
さんそを つくる。

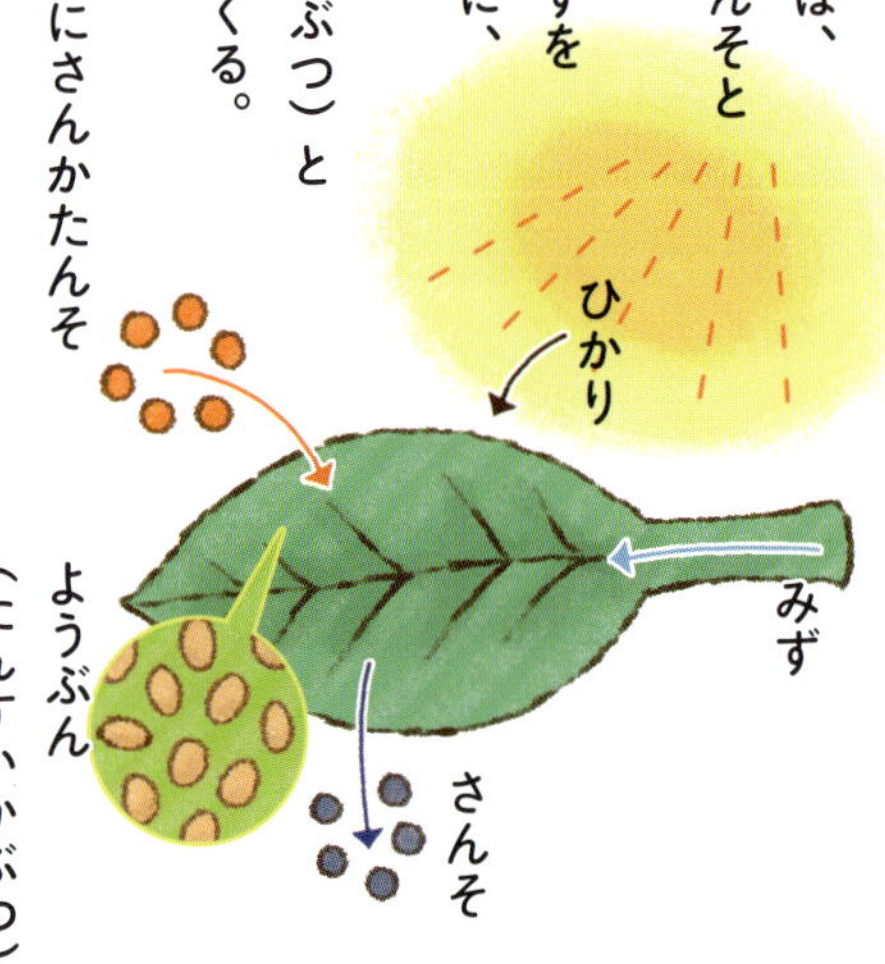

おうちのかたへ

植物は、光と水、二酸化炭素を材料に光合成をおこなって、炭水化物と酸素を作ります。また、動物が食べたものを成長や活動に必要なものに変えるときには酸素が必要なため、呼吸によって身体の中に取り入れます。

生き物が呼吸によって排出する二酸化炭素の量と、植物が光合成によって排出する酸素の量がバランスよく保たれることが大切ですが、現代では、人間の生産活動に伴う排出ガス（自動車の排気ガスなど）に含まれている二酸化炭素が増加しています。二酸化炭素が増えると、地球の気温が上昇する地球温暖化（→134ページ）の原因にもなります。

にさんかたんそ
くるまや こうじょうから
でる ガス《がす》には
にさんかたんそが
ふくまれている。

にさんかたんそは、いきものが
こきゅうに よって だすいがいに、
じどうしゃや こうじょうから でる
ガス《がす》などにも ふくまれています。
しょくぶつが、こうごうせいを
おこなっているので、
くうきの なかの にさんかたんそが、
ふえすぎずに すんでいるのです。

もりの はたらき②

もりは つちを そだてる

もりの おちばは、いつのまにか なくなって いるよね。つちの なかの いきものが ぶんかいして いるからだよ。

つちの なかに いる たくさんの いきものが じめんに おちた かれはや ふんなどを こまかくし ぶんかいして つちに まぜて いきます。
ぶんかいされた ものは、しょくぶつの ようぶんと なって、せいちょうを たすけます。

どうぶつの ふん
おちば
だんごむし
みみず
やすで
だに
ふん
おちばや どうぶつの ふんを だんごむしや みみずが たべる。
みみずや だんごむしが ふんを する。
ちいさく なった おちばを だになどが たべて さらに ちいさく する。

おうちのかたへ

土の中には、ミミズやヤスデ、ダンゴムシ、ダニなど大小の土壌動物、カビやバクテリアなどの微生物がたくさんいて、落ち葉や倒木、枯れ木、糞《ふん》、死骸などを分解して土に混ぜています。

まず、ミミズなどの土壌動物が、落ち葉や動物の糞などを食べてそれらを細かくします。そして、細かくなったものや、土壌動物の糞は、微生物が入り込んで、それらが呼吸してエネルギーを得る過程で二酸化炭素や水、窒素、リンなどの無機物に分解されていきます。落ち葉が腐っていくのは、生き物が働いている証拠です。

植物は、根から水と無機物を一緒に吸収し、成長します。

しょくぶつが ねから、みずと いっしょに ぶんかいされた ようぶんを きゅうしゅうする。
びせいぶつ
かび
バクテリア《ばくてりあ》
かびや バクテリア《ばくてりあ》などの びせいぶつが、おちばや ふんを ぶんかいして ようぶん（むきぶつ）に かえる。
ようぶんの おおい つちに なる。

もりの はたらき③

もりは みずを たくわえる

もりに ふった あめは、
じめんの なかに しみこみ、
ゆっくりと じかんを かけて
ちかすいに なって いくよ。

もりの つちは やわらかく、
なかに すきまが おおい ため、
ふってきた あめは つちの なかに
しみこんで いきます。
つちに しみこんだ みずは、ちかに たまって、
ゆっくりと かわに ながれて いきます。

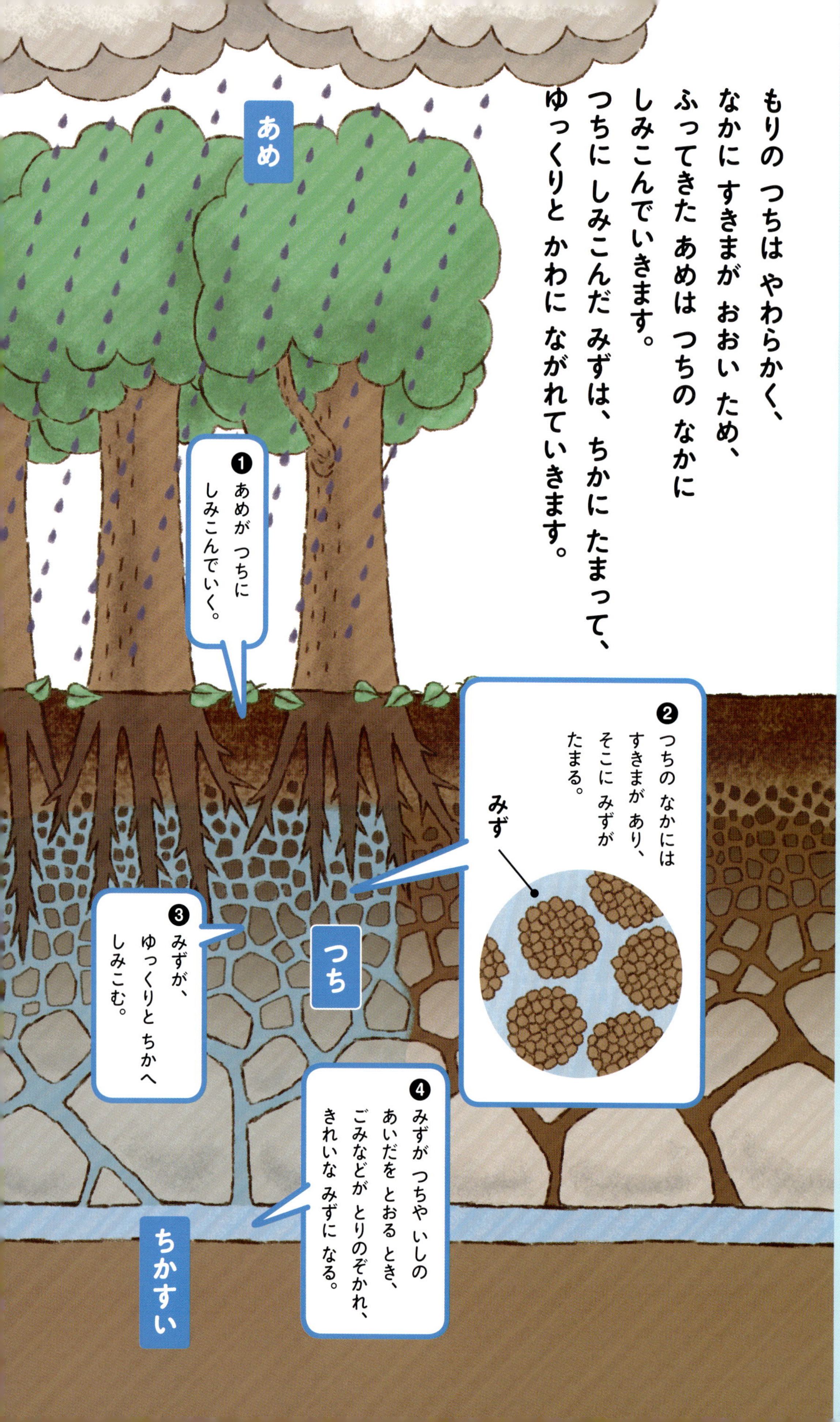

あめ
❶あめが つちに しみこんで いく。
❷つちの なかには すきまが あり、そこに みずが たまる。
みず
❸みずが、ゆっくりと ちかへ しみこむ。
つち
❹みずが つちや いしの あいだを とおる とき、ごみなどが とりのぞかれ、きれいな みずに なる。
ちかすい

おうちのかたへ

森は、腐った落ち葉などが混じっている腐葉土や柔らかい土におおわれていて、そこには、土壌動物などが動き回ることでできる「団粒構造」という隙間ができます。降った雨は、土の中の養分と一緒にこの隙間にためられます。蓄えられた水は、長い時間をかけて土や岩などの層に浸透し、ろ過されてきれいな地下水となり、湧き出して川の源流となります。

また、森の土は植物の根もはりめぐりやすく、たくさんの根が、崩れやすい土をしっかりと抱え込んでいるため、多量の雨が降っても土が流れ出にくくなっています。木を過剰に伐採してしまうと土砂崩れを引き起こす危険があります。

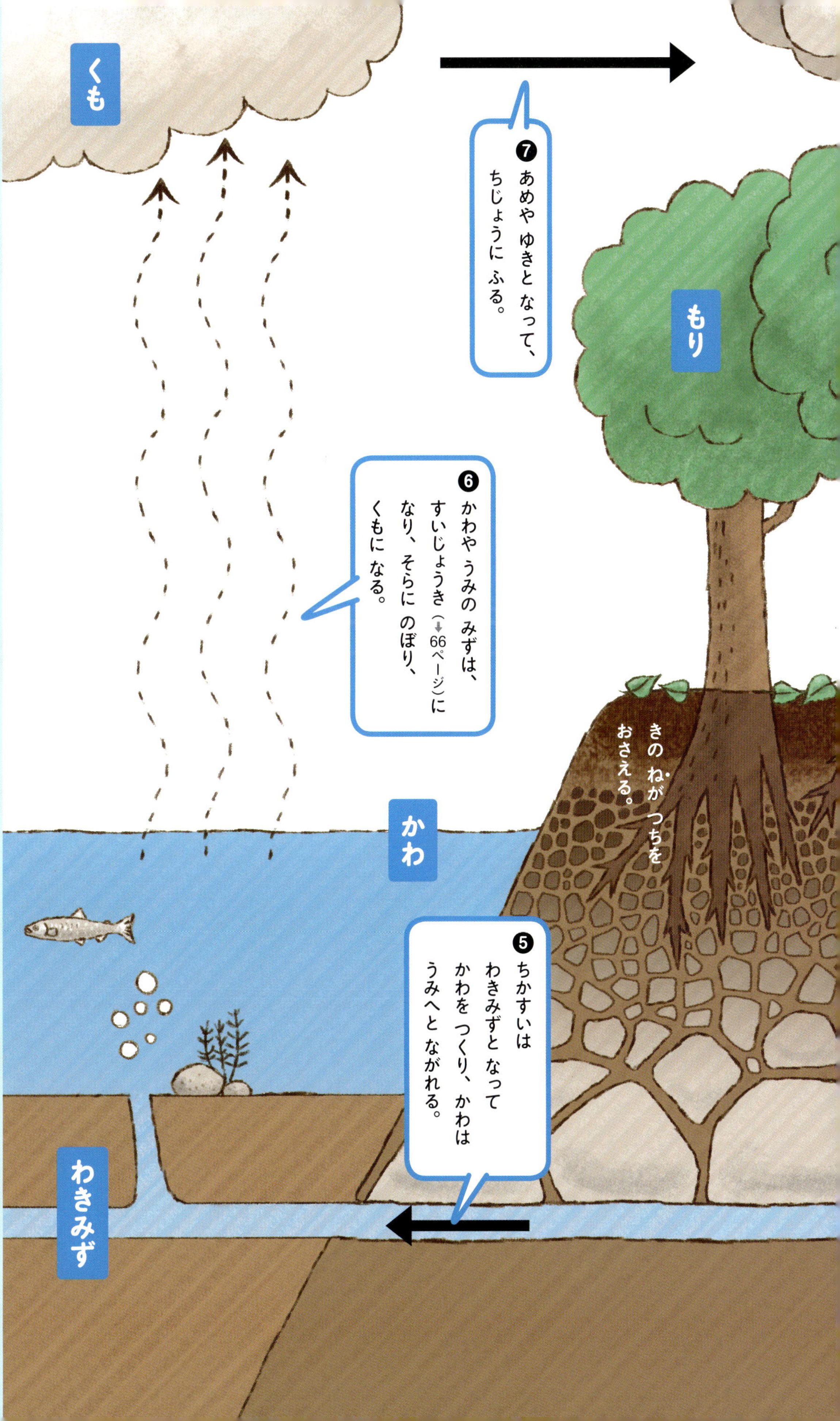

ひとと しぜんの つながり

わたしたちの いえの すいどうから でる みずも、おいしい たべものも、みんな しぜんが あたえてくれる ものなんだよ。

わたしたち どうぶつが すう くうきや、のむ みず、たべものなど、いきる ために ひつような ものは すべて しぜんが あたえてくれます。どうぶつが だす ふんや たべのこしは、つちに もどり、しょくぶつを そだてます。

たいよう
ひかりや ねつを あたえてくれる。
あめ
どうぶつや しょくぶつに みずを あたえてくれる。
どうぶつ
しょくぶつを たべたり、しょくぶつを たべる どうぶつを たべたりする。
さんそ
にさんかたんそ

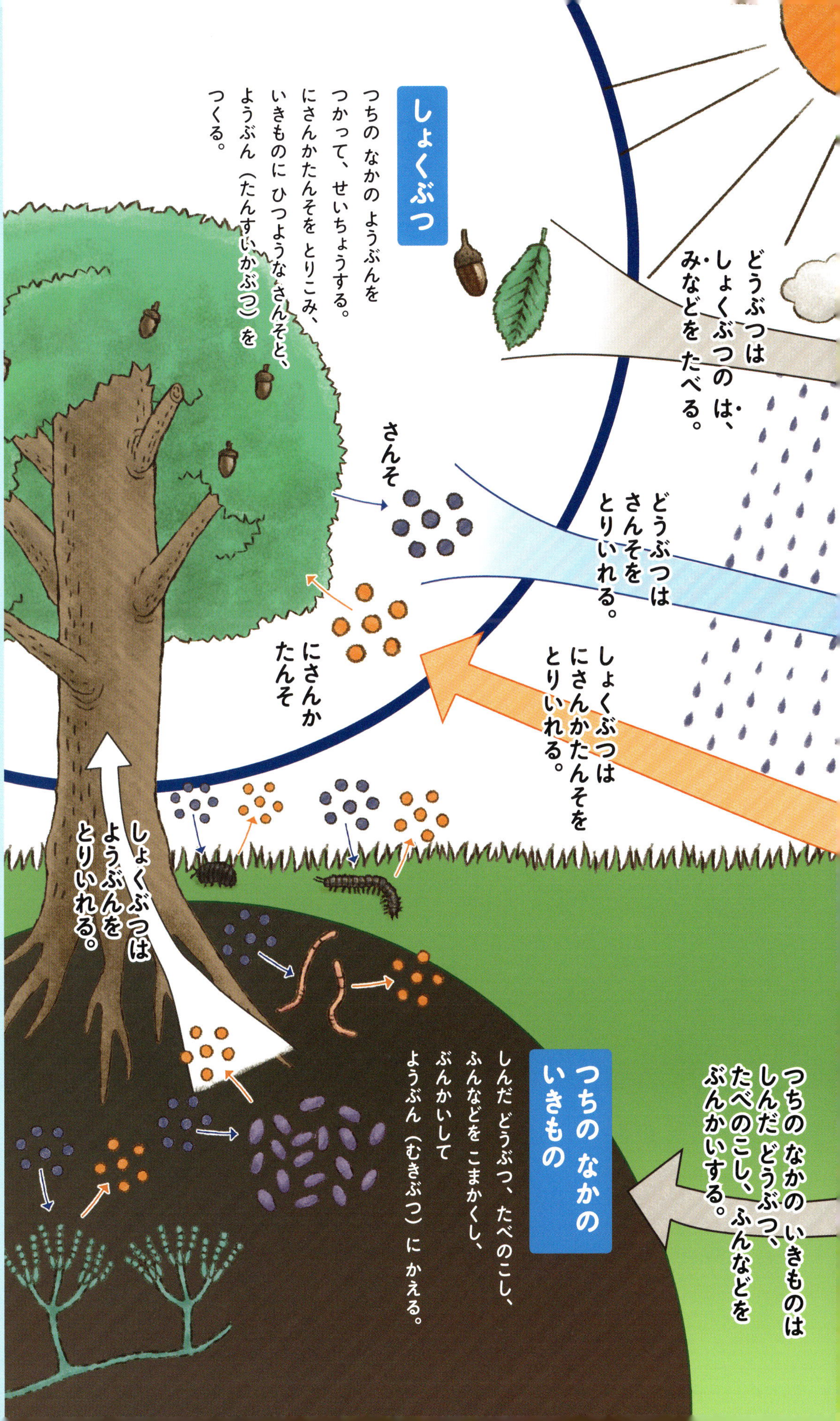
しょくぶつ
つちの なかの ようぶんを つかって、せいちょうする。
にさんかたんそを とりこみ、いきものに ひつような さんそと、ようぶん（たんすいかぶつ）を つくる。
どうぶつは しょくぶつの は、みなどを たべる。
さんそ
どうぶつは さんそを とりいれる。
にさんか たんそ
しょくぶつは にさんかたんそを とりいれる。
しょくぶつは ようぶんを とりいれる。
つちの なかの いきもの
しんだ どうぶつ、たべのこし、ふんなどを こまかくし、ぶんかいして ようぶん（むきぶつ）に かえる。
つちの なかの いきものは しんだ どうぶつ、たべのこし、ふんなどを ぶんかいする。

おうちのかたへ

人間は、水や空気、食べ物、衣服、住まいに関わることなど、自然から多くのめぐみをもらっています。

しかし、便利な生活を求めた開発や、動物の乱獲など、人間の行為が、環境破壊や地球温暖化、種の絶滅などを引き起こす原因となっています。人が自然に与えた悪影響は、脅威となって人の生活に還《かえ》ってくることになるのです。

人もまた、自然の生態系（↓64ページ）を構成する一部でしかないということを改めて認識する必要があります。自然のめぐみに感謝するだけではなく、自然と共生・共存していくためには、何をすべきなのか、真剣に考える必要があります。

せいたいけいに かんけいする ことば

せいたいけい

もりや うみなど、しぜんの なかの ある ばしょごとの、そこで くらす すべての いきものどうしの かんけい、また、そのばしょとの かかわりあいの こと。

せいさんしゃ

ひつような ものを つくりだす ひとや いきもの。しぜんの なかでは、じぶんで ようぶん（たんすいかぶつ）を つくる しょくぶつの ことを いう。

しょうひしゃ

つくりだされた ものを つかう ひとや いきもの。しぜんの なかでは、しょくぶつを たべる いきものや、それを えさに する いきものの ことを いう。

ぶんかいしゃ

しんだ どうぶつ、たべのこし、ふんなどを こまかくし、ぶんかいして しょくぶつが りようできる ようぶん（むきぶつ）に かえる いきもの。おもに びせいぶつなど。

しょくもつれんさ

いきものたちが、たべたり たべられたりして つながっていく かんけい。しょくぶつが はじまりと なる。

きょうそう

いきものたちが、たべものや ばしょなど くらしに ひつような ものを とりあう こと。

きょうせい

いきものどうしが、かかわりあいながら いきる こと。

とりが きのみを たべる ときに、いっしょに のみこんだ たねが とおい ばしょで ふんに まじって おとされる。

こうごうせいに かんけいする ことば

こうごうせい

しょくぶつが、にさんかたんそと みずから たいようの ひかりを つかって ようぶん（たんすいかぶつ）と さんそを つくる こと。

たんすいかぶつ

しょくぶつが こうごうせいで つくる ようぶん。でんぷんなどを ふくみ、はや み、ねなどに ためられる。たべられると、ほかの いきものの ようぶんに なる。

たいよう
しょくぶつ
たんすいかぶつ
にさんかたんそ
さんそ
みず

さんそ

いきものが エネルギー《えねるぎー》を つくる ために ひつような ガス《がす》。くうきの なかに ふくまれていて、しょくぶつが こうごうせいを する ときに できる。

にさんかたんそ

ものを もやした ときや、こきゅうに よって エネルギー《えねるぎー》を つくった ときに できる ガス《がす》。もともと くうきの なかに わずかに ふくまれている。

こきゅう

いきものが、くうきちゅうの さんそを とりこみ、にさんかたんそを そとに だす こと。さんそは、いきものが かつどうする エネルギー《えねるぎー》を つくる ために つかわれる。

さんそ
にさんかたんそ

くうき

ちきゅうの まわりを つつんでいる、いろも においも ない ガス《がす》。ちっそや さんそ、にさんかたんそなどが まざっている。

くうきの ないよう

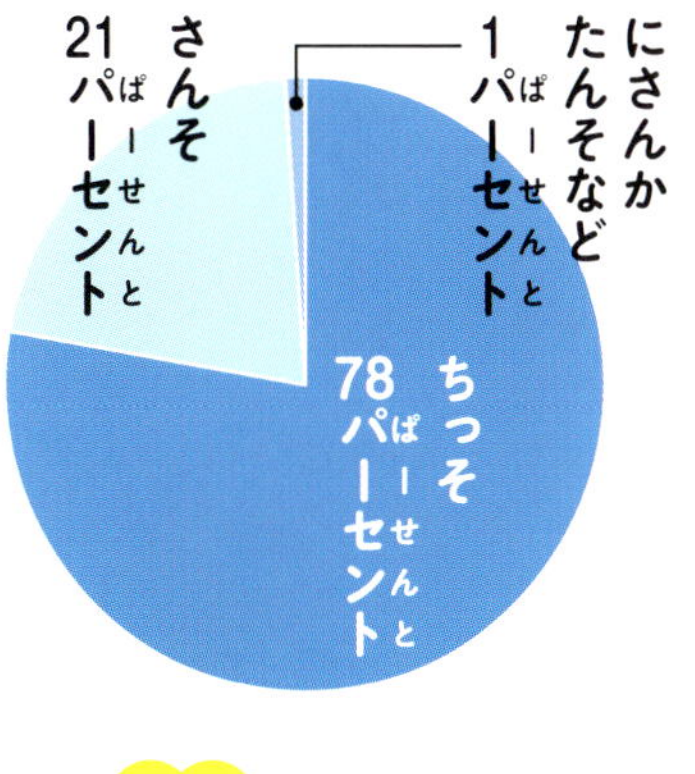

ちっそ 78パーセント《ぱーせんと》
さんそ 21パーセント《ぱーせんと》
にさんかたんそなど 1パーセント《ぱーせんと》

みずの じゅんかんに かんけいする ことば

みずの じゅんかん

じめんに ふった あめや ゆきが かわに なり、うみに ながれる。それが たいようの ねつで あたためられて すいじょうきと なって そらに のぼり（じょうはつ）、くもを つくる。くもが、あめや ゆきを ふらせ、みずが じめんに もどってくる。これらの ことを、みずの じゅんかんと いう。

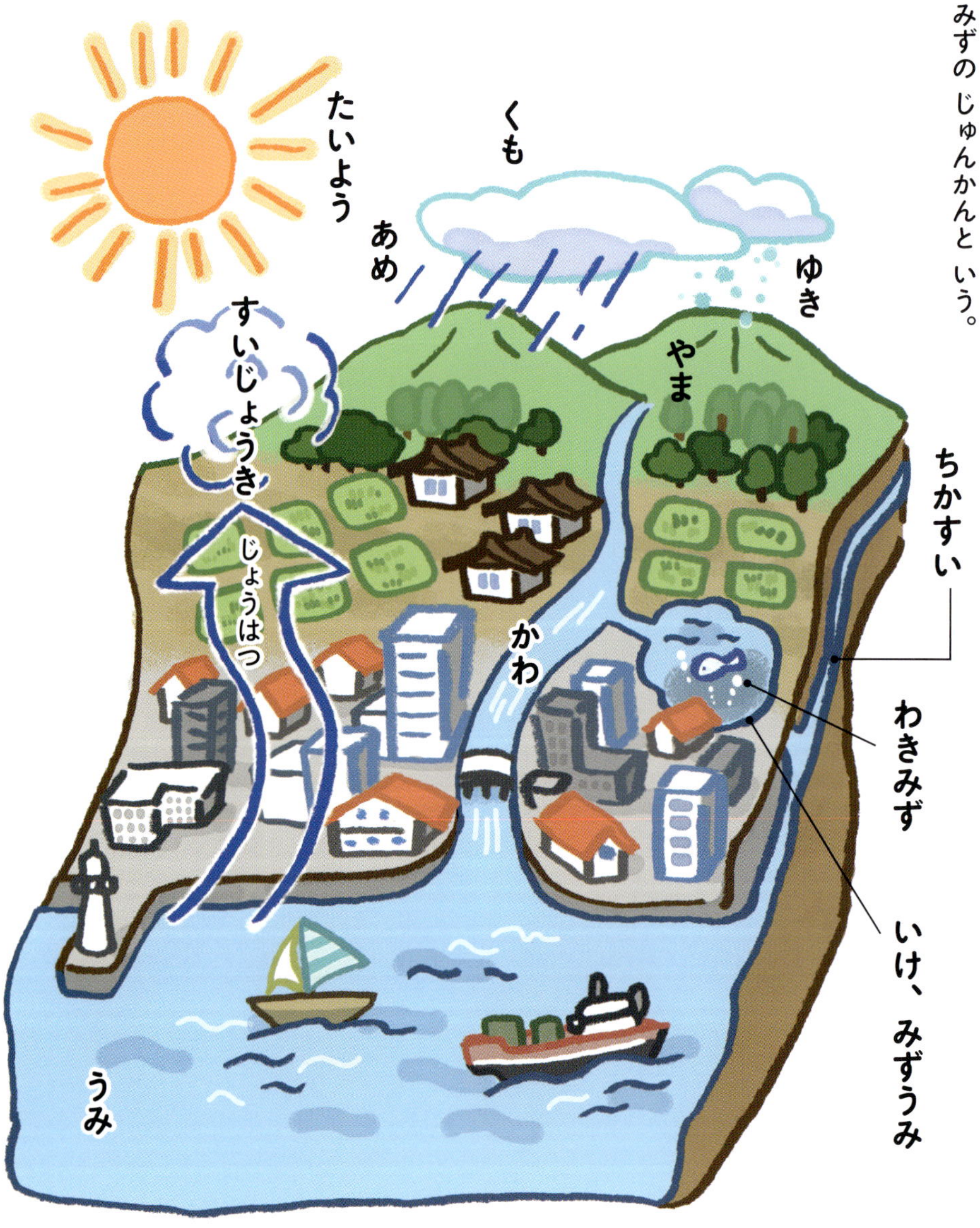

たいよう
くも
あめ
ゆき
やま
すいじょうき
じょうはつ
かわ
ちかすい
わきみず
いけ、みずうみ
うみ

かわ

わきみずが もとと なり、あめが すこしずつ あつまって できた みずの ながれ。やまから うみに ながれて いく。

ちかすい

じめんの したを ながれたり、いわや すなの すきまに たまって いたりする みず。あめが じめんに しみこむ とちゅうで、よごれが とりのぞかれ、きれいに なる。

わきみず

ちかすいが じめんに わきだした もの。かわの はじまりにも なる。

うみ

ちきゅうの ひょうめんの しおみずで おおわれた ところ。りくいがいの ぶぶん。かわと うみでは くらす いきものが ちがう。

すいじょうき

みずが じょうはつして みえない ガス《がす》に なった もの。

びせいぶつに かんけいする ことば

びせいぶつ

けんびきょうを つかわないと
みえない くらい
ちいさな いきもの。
しょくぶつプランクトン《ぷらんくとん》や
どうぶつプランクトン《ぷらんくとん》、
かび、バクテリア《ばくてりあ》など。
かびや バクテリア《ばくてりあ》は、
しょくもつれんさの なかでは、
ぶんかいしゃと して、しんだ
どうぶつや おちばなどを
ぶんかいして こまかくする
やくわりが ある。

けんびきょう
しょくぶつ
プランクトン《ぷらんくとん》

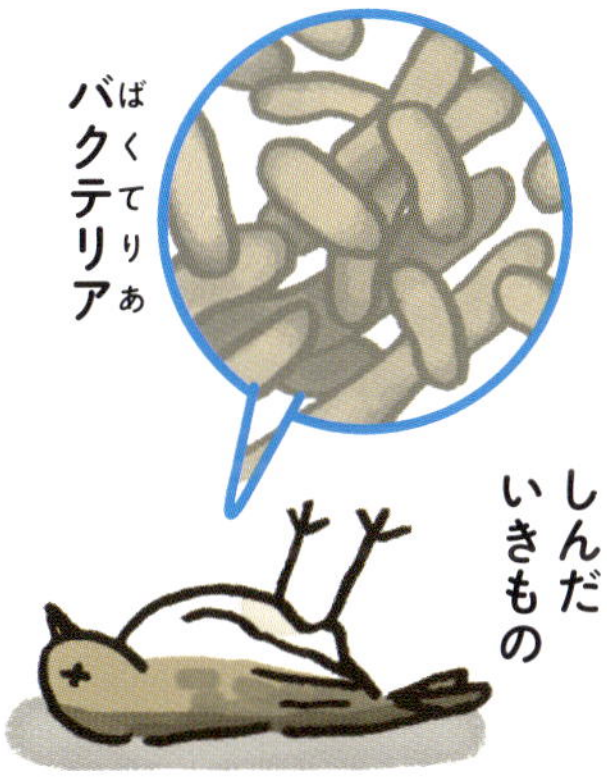
バクテリア《ばくてりあ》
しんだ
いきもの

かび
きんし
おちば

かび
きんしと いう ねのような ものを
はりめぐらせ、おちばなどの
ようぶんを じぶんの えいようと して
とりこみながら、ぶんかいする いきもの。

しょくぶつプランクトン《ぷらんくとん》
とても ちいさな
しょくぶつで、みずの
なかに うかんで くらしている。

バクテリア《ばくてりあ》
かびと おなじように、
ぶんかいを おこなう。
かびよりも さらに ちいさい。

ぶんかい

あるものを べつの ものに
こまかく わける こと。
しょくもつれんさでは、おちばなどを
みみずなどの どうぶつが
たべて ちいさくしたり、
びせいぶつが ちっそ、リン《りん》などの
ようぶん（むきぶつ）と、
にさんかたんそや みずに
かえたりする こと。

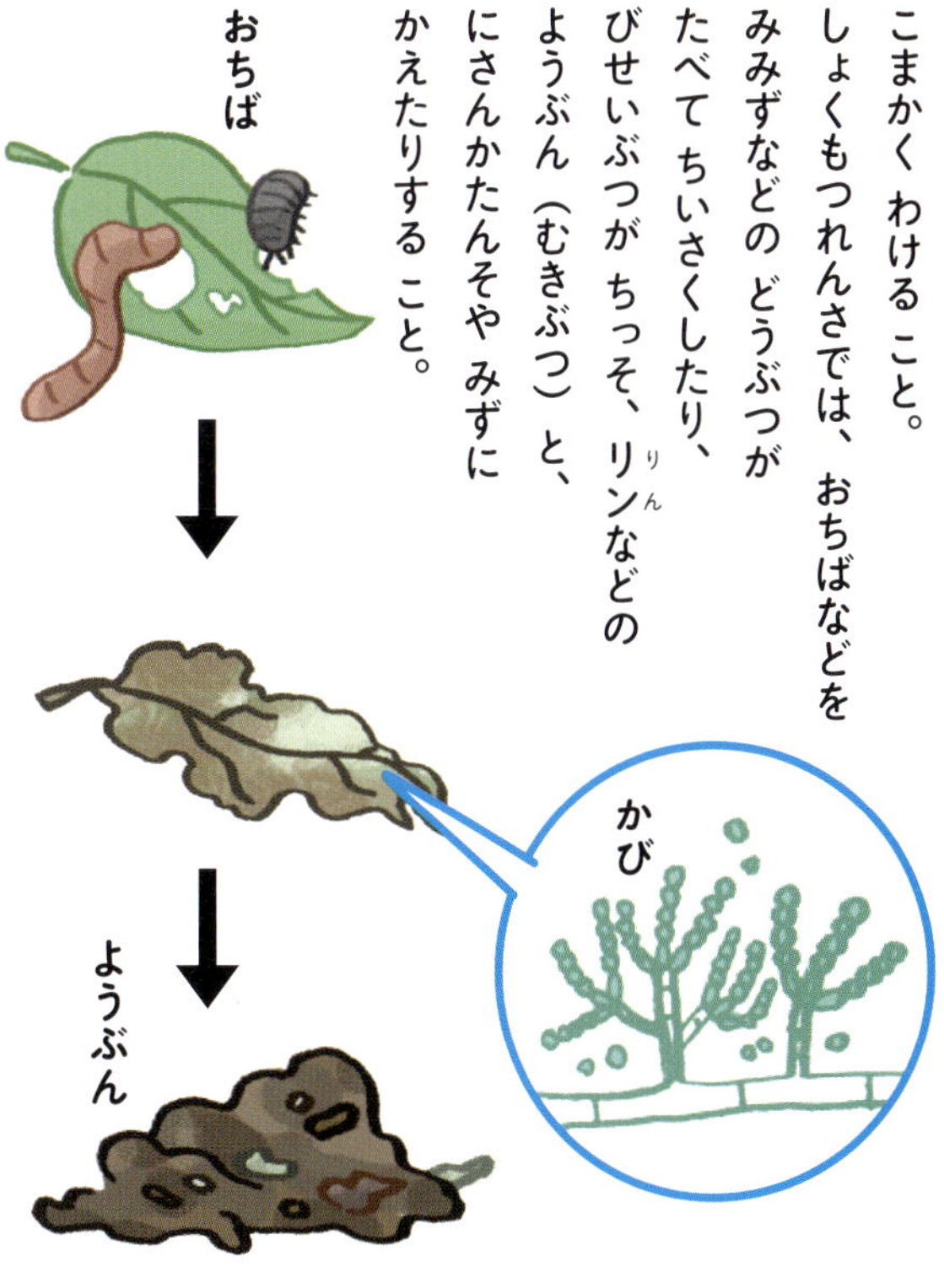
おちば
かび
ようぶん

ようぶん

すべての いきものが
いきる ために、ひつような
もの。
しょくぶつは、びせいぶつが
ぶんかいに よって つくった
ちっそ、リン《りん》などを
ようぶんと している。
いっぽう、しょくぶついがいの
いきものは、しょくぶつが
つくった たんすいかぶつなどを
ようぶんと している。

しょくぶつ
どうぶつ
ようぶん
（たんすいかぶつなど）
ようぶん
（ちっそ、
リン《りん》など）

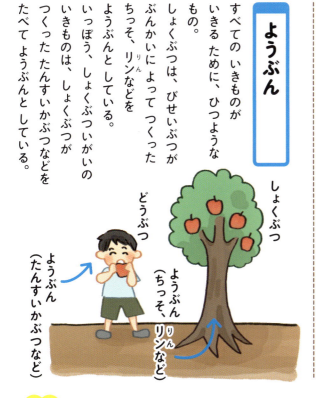

やって みよう

おちばの したを かんさつしよう

おちばの したは どうなって いるのかな？

おちばは、びせいぶつ（➡67ページ）などの ちいさな いきものに よって、こまかく されて いるよ。おちばの したを ほって みて、その へんかを みて みよう。

つかう もの

- スコップ《すこっぷ》
- しんぶんし

① いちばん うえは おちた ときの まま。

② すこし ほると、ちいさくて ぼろぼろに なった おちばに かわる。

③ さらに ほると、めに みえない くらいの おおきさに なった。

ほりだした ものを しんぶんしの うえに ならべて、ちがいを かんさつしよう。

4 べんりで かいてきな くらし

むかしは ふくを
てで あらっていたんだって。
みずが つめたくて
たいへんだったね。
いまは スイッチ《すいっち》を おすと
うごく せんたくきの おかげで
らくに ふくを
あらえるように なったね。

ひとの くらしと みず

わたしたちが のむ みずは あめが もとに なっているよ。あめは どうやって いえの すいどうに とどくのかな。

ふった あめは つちに しみこみ、ちかすい（↓60ページ）と なって かわに ながれます。わたしたちの のんでいる みずは、かわや みずうみから とられ、きれいに されて、わたしたちの いえに とどきます。

ダム《だむ》
みずを ためておく ばしょ。ためながら、かわに ながす みずの りょうを ちょうせつして、みずが たりなくなったり あふれたりしないように している。
かわ
しゅすいしせつ
のみみずと して つかう みずを、かわから とりいれる。とりいれた みずは、じょうすいじょうに おくられる。
じょうすいじょう
しゅすいしせつから おくられてきた かわの みずの なかに ある ごみを とりのぞいて しょうどくし、きれいな みずに する。

おうちのかたへ

地球上に存在する水の総量はほぼ一定であり、液体・気体・固体と姿を変えながら循環しています。地球は、表面積の7割以上が海におおわれており、海水は太陽の熱によって蒸発し、雲となって大気中をめぐり、雨や雪として地上に降り、川となって地表や地下を流れて海に注ぎます。

私たちが飲む水も、地球規模の水の大循環の中にあります。水道水は、川やダムなどから取水したのち、浄水場で浄化・消毒し、安全な水として供給されます。使用済みの水は、下水処理場で浄化してから川や海に流します。下水道が未整備の地域では各家庭に合併浄化槽の設置が進められています。

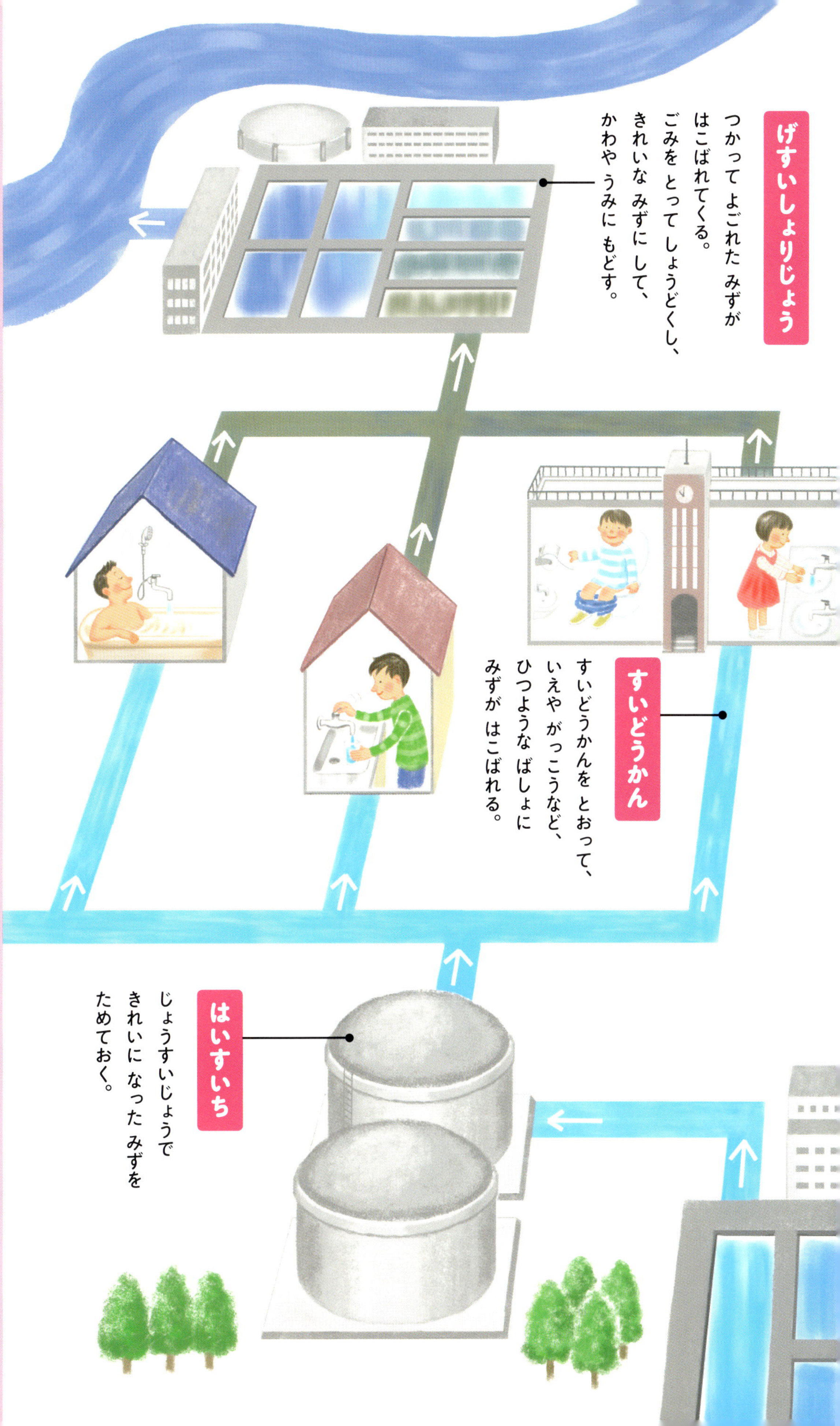
げすいしょりじょう
つかって よごれた みずが はこばれてくる。ごみを とって しょうどくし、きれいな みずに して、かわや うみに もどす。
すいどうかん
すいどうかんを とおって、いえや がっこうなど、ひつような ばしょに みずが はこばれる。
はいすいち
じょうすいじょうで きれいに なった みずを ためておく。

くらしを ささえる しぜん

わたしたちは しぜんの なかから
ひつような ものを もらって
せいかつしています。
しぜんの ものが くらしの なかで
どのように つかわれているか
みてみましょう。

たべものだけでは なく、
みのまわりの おおくの ものが
しぜんから てに いれた もので
つくられているんだよ。

おうちのかたへ

3章で見てきたように、人間は生きるために必要なものを自然から得ています。そもそも動物が地球上で生きていくのに欠かせない酸素は、太陽の光を利用した植物の光合成によって作られています。さらに大気や水は、太陽エネルギーによって地球規模で循環し、さまざまな生命を育んでいます。

人間の衣食住は、自然のめぐみに支えられています。衣料は、植物の繊維や動物の毛などから作られています。食料のうち、水産物は海や川の生物資源であり、農産物、畜産物は野生の植物や動物を人間が品種改良して育てたものです。また、住環境は、木材や石材、金属などの資源を利用して整えられています。

のうさんぶつ
じゃがいも
いね
にんじん
レタス《れたす》
トマト《とまと》
きゅうり
すいさんぶつ
まぐろ
うに
えび
たこ
かい

いえの なかの もの①

だいすきな おりがみや えを かく がようし。
なにから つくられて いるか しって いるかな。

テーブル《てーぶる》や いすのような かぐには、きから つくられた ものが たくさん あります。

き

テーブル《てーぶる》・いす

たな

えんぴつ

おもちゃ

かみも きから できている

やわらかい かみも、きを こまかく くだいた ものから つくられて います。

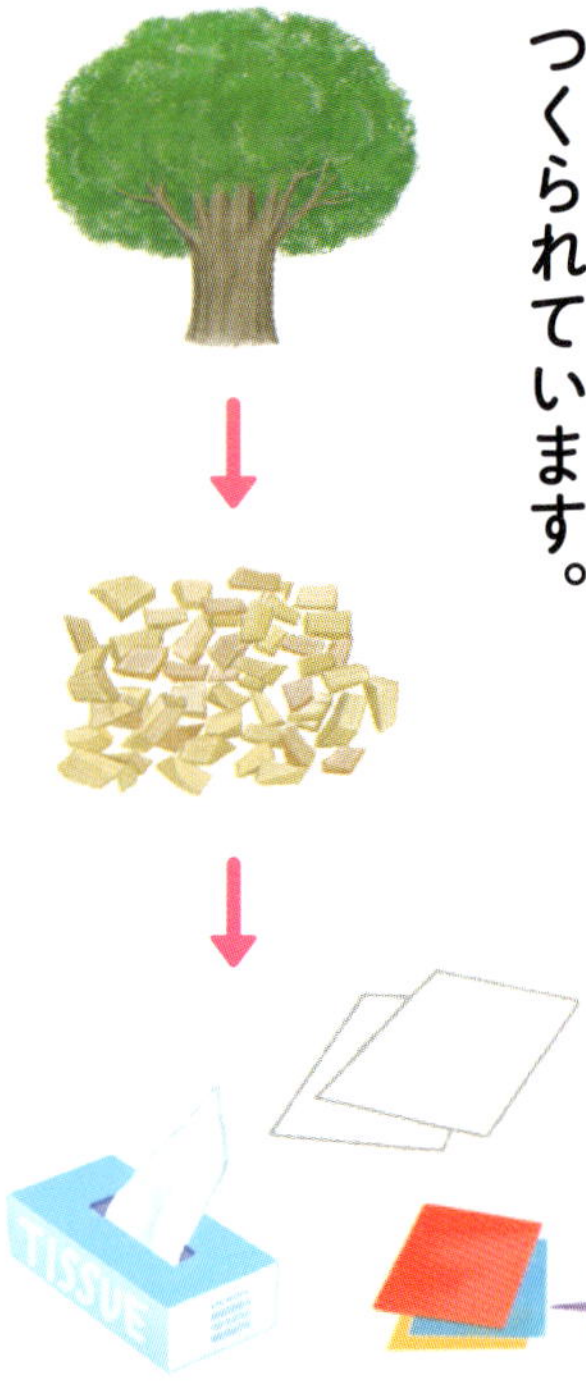

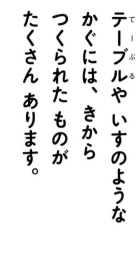

シャツ《しゃつ》や ジーンズ《じーんず》は
おもに わたと いう
しょくぶつから
つくられます。

わた

ティーシャツ《てぃーしゃつ》

ブラウス《ぶらうす》

ジーンズ《じーんず》

ハンカチ《はんかち》

マフラー《まふらー》や セーター《せーたー》のように
あたたかい ようふくは
おもに ひつじの けから
つくられます。

ひつじ

マフラー《まふらー》

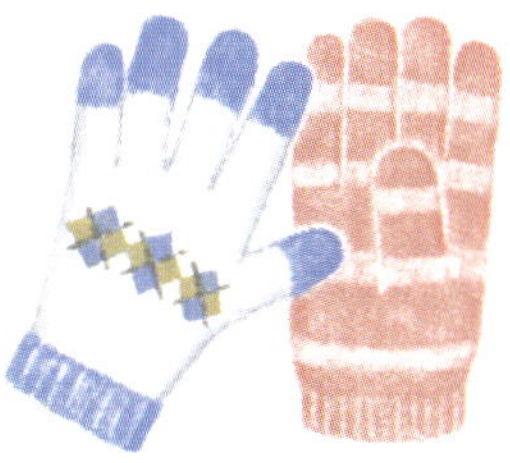

てぶくろ

ぼうし

セーター《せーたー》

おうちのかたへ

木材は住宅の建材、家具類の部材、文房具やおもちゃなど、さまざまなものの材料として使われるほか、細かく砕いた木材を薬品で煮て取り出した「パルプ」という繊維は、紙の原料となっています。

木綿製品の原料はワタの種子からとれる繊維です。日本では江戸時代に普及しました。それまではアサの茎や葉の繊維を原料とする麻布《あさぬの》が主流で、蚕のまゆからとった繊維で作られる絹《けん》布《ぷ》は貴重品でした。毛製品の主原料は羊毛ですが、カシミヤヤギやアンゴラウサギの毛などを用いた高級品もあります。また、20世紀以降は石油を原料とするナイロンやポリエステルなどの化学繊維が普及しました。レーヨンは植物の繊維を原料として化学的に合成された繊維です。

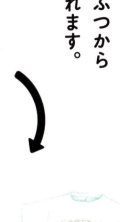

いえの なかの もの②

ボールペン《ぼーるぺん》も けしゴム《ごむ》も
げんりょうは おなじなんだって。
ぜんぜん ちがう かたちなのに
ふしぎだな。

スプーン《すぷーん》や かんは
かたくて ピカピカ《ぴかぴか》の
きんぞくで できています。
きんぞくは、じめんの なかに
うまっている、こうせき（↓147ページ）と いう
いしを とかして とりだされます。

こうせき

かん

きんぞくバット《ばっと》

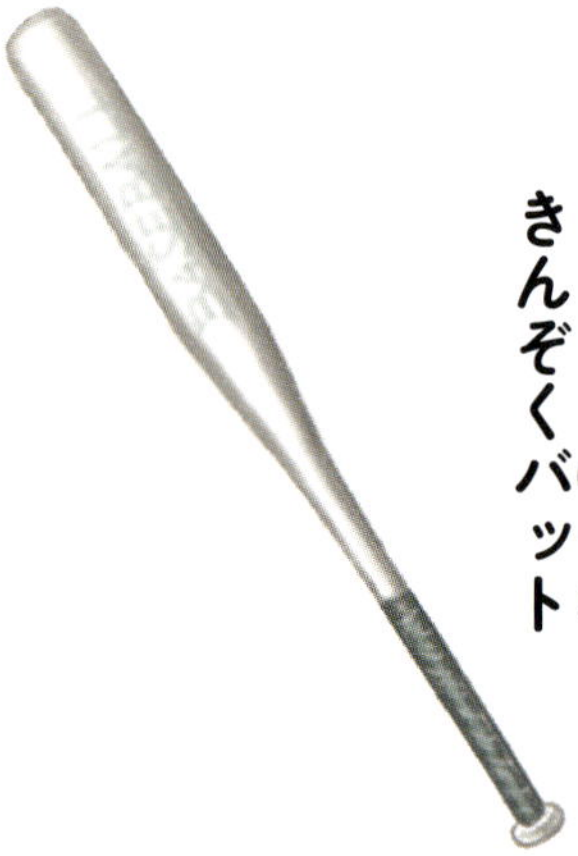

フライパン《ふらいぱん》

ボウル《ぼうる》・ざる

クリップ《くりっぷ》

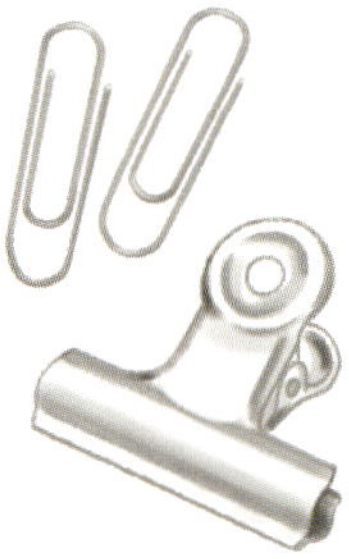

なべ

アルミホイル《あるみほいる》

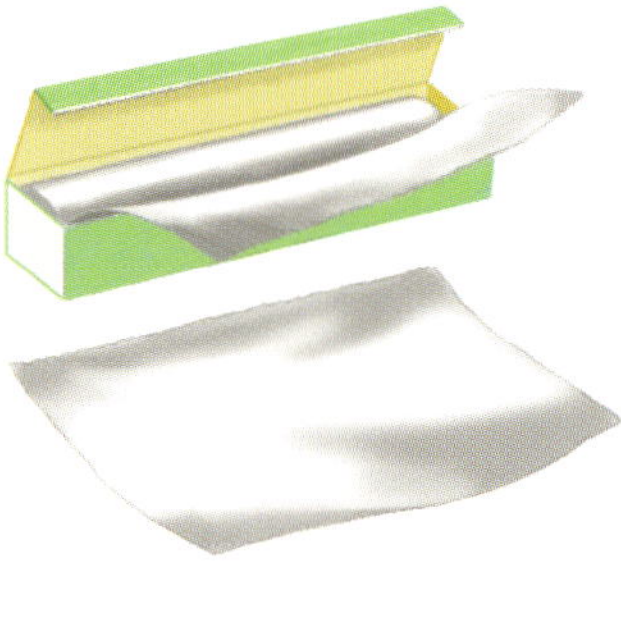

フォーク《ふぉーく》

スプーン《すぷーん》

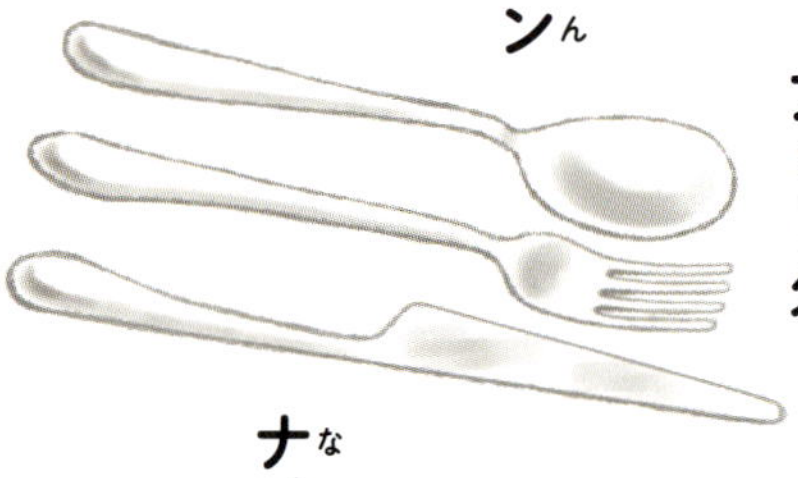

ナイフ《ないふ》

ペットボトル《ぺっとぼとる》や ビニール《びにーる》ぶくろなどの プラスチック《ぷらすちっく》せいひんは せきゆ（➡147ページ）から つくられます。

せきゆ

ペットボトル《ぺっとぼとる》

ビニール《びにーる》ぶくろ

けしゴム《ごむ》

ボールペン《ぼーるぺん》

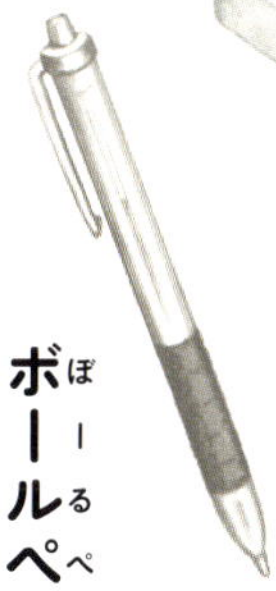

べんとうの ようき

DVD《でぃーぶいでぃー》

きかいの げんりょう

パソコン《ぱそこん》や カメラ《かめら》などの きかいは きんぞくと プラスチック《ぷらすちっく》の りょうほうを つかって つくられます。

パソコン《ぱそこん》

カメラ《かめら》

おうちのかたへ

石油を原料とするプラスチックには、多くの種類があります。

金属製品の原料は、鉄、銅、亜鉛、アルミニウムなど、鉱石から取り出されて、精製された各種の金属です。金や銀、プラチナといった貴金属を使うこともあります。また近年は、ニッケル、リチウム、マンガンなどのレアメタル（➡147ページ）の使用が増えています。

ペットボトルになるポリエチレン、発泡スチロールになるポリスチレン、台所・風呂用品に多いポリプロピレン、ビニールと呼ばれているポリ塩化ビニルやポリエステルなど、用途によって使われているプラスチックの種類は異なります。電化製品は金属と加工がしやすいプラスチックの両方が使われており、リサイクルには手間がかかります。

べんりな でんかせいひん

スイッチ《すいっち》を いれると うごく
でんかせいひんは
とても べんりだね。
きみの いえには いくつ あるかな。

いえの なかには
へやを あかるくする しょうめいの
ほかにも、そうじきや テレビ《てれび》など、
でんきの ちからで うごく
でんかせいひんが、たくさん あり、
わたしたちの せいかつを
べんりに してくれます。

しょうめい
へやの なかを
てらす あかり。
さいきんでは
「LED《えるいーでぃー》」と いう
しょうめいが おおく
つかわれている。

パソコン《ぱそこん》
しらべものを したり
ぶんしょうを
かいたりする ときに
つかう。

IHヒーター《あいえいち ひーたー》
でんきの ちからで
なべや フライパン《ふらいぱん》を
あつくして りょうりする。

でんしレンジ《れんじ》
たべものを
あたためる。

れいぞうこ
でんきの ちからで
なかが ひやされていて、
たべものや のみものを
ほぞんする。

でんきポット《ぽっと》
でんきの ちからで
みずを あたため、
ゆを わかす。

すいはんき
ごはんを たく。

そうじき
へやの なかの ごみや
ほこりを すいとり
きれいに する。
エアコン《えあこん》
つめたい かぜや
あたたかい かぜを
だして、
へやの なかの おんどを
ちょうどよく する。
テレビ《てれび》
がめんに ニュース《にゅーす》や
ドラマ《どらま》などの えいぞうを
うつしだして みる。
リモコン《りもこん》
テレビ《てれび》を つけたり
チャンネル《ちゃんねる》を
かえたりする
ときに つかう。
スマートフォン《すまーとふぉん》
でんわを したり、
メール《めーる》を したり
する ときに つかう。

おうちのかたへ

照明器具によって夜でも活動ができるようになったり、洗濯機や掃除機などによって家事に費やす時間が短くなったり、電化製品の発達によって私たちの暮らしは便利になってきました。電化製品は便利で快適な暮らしに欠かせませんが、そのぶん多くのエネルギーを消費します。近年はLED照明をはじめ省エネ技術が進んできたものの、電化製品は増えるいっぽうで、家庭でのエネルギー消費量は50年前の約4倍に増えています。

そのため、製品やサービスの原料調達から製造、輸送、廃棄、リサイクルまでの全工程にかかる環境影響評価をおこなう「ライフサイクルアセスメント（LCA）」が注目されています。

でんきが いえに とどくまで

よるに でんきが とまったら、へやは まっくら、テレビ《てれび》も きえてしまうね。でんきは いつ、どこで、つくられているんだろう。

でんきは はつでんしょで つくられます。つくられた でんきは でんせんを とおって へんでんしょに おくられ、そこから いえや がっこう、こうじょうなどに とどきます。はつでんしょでは ひるも よるも かんけいなく、いつでも でんきを つくっています。

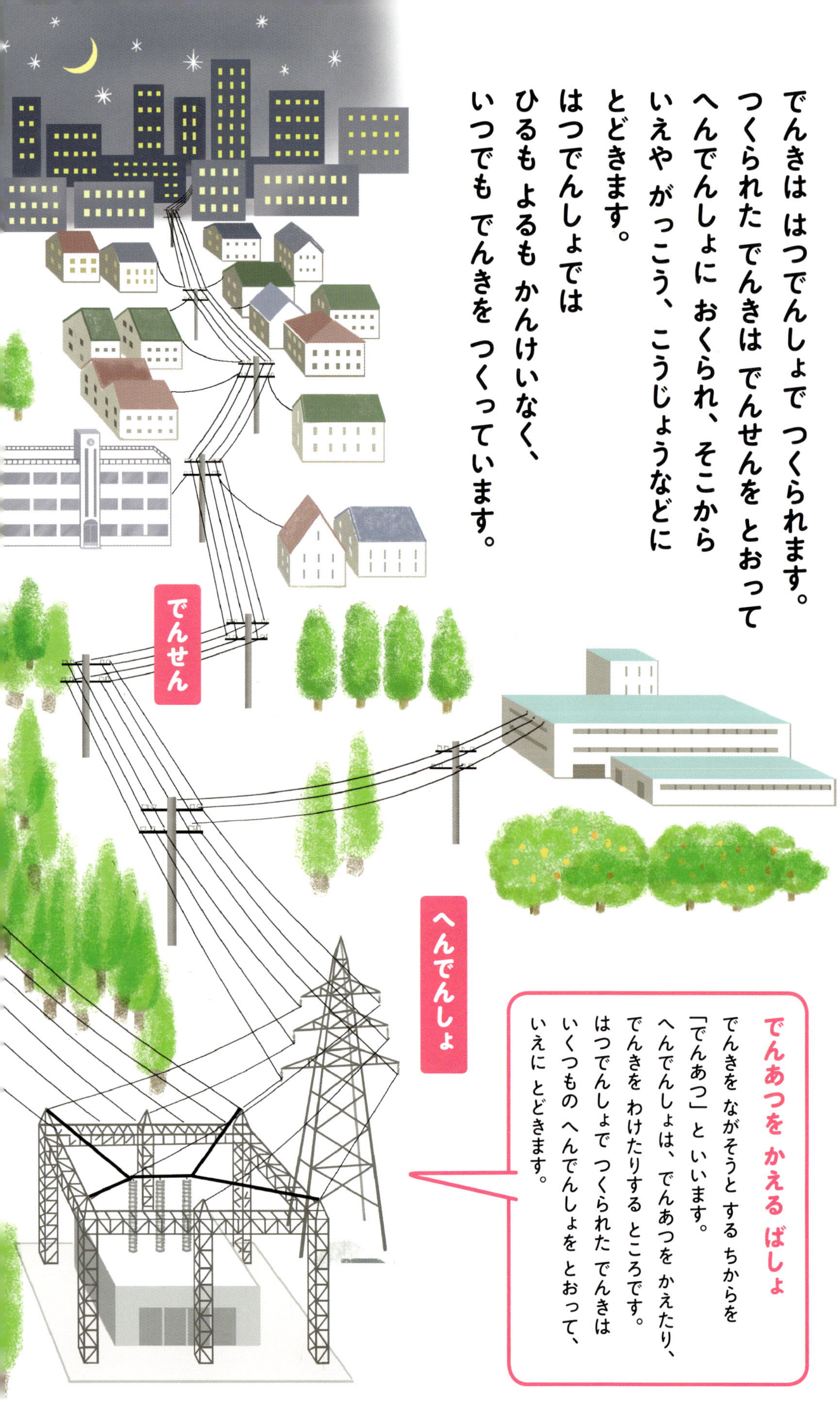
でんせん
へんでんしょ
でんあつを かえる ばしょ
でんきを ながそうと する ちからを「でんあつ」と いいます。へんでんしょは、でんあつを かえたり、でんきを わけたりする ところです。はつでんしょで つくられた でんきは いくつもの へんでんしょを とおって、いえに とどきます。

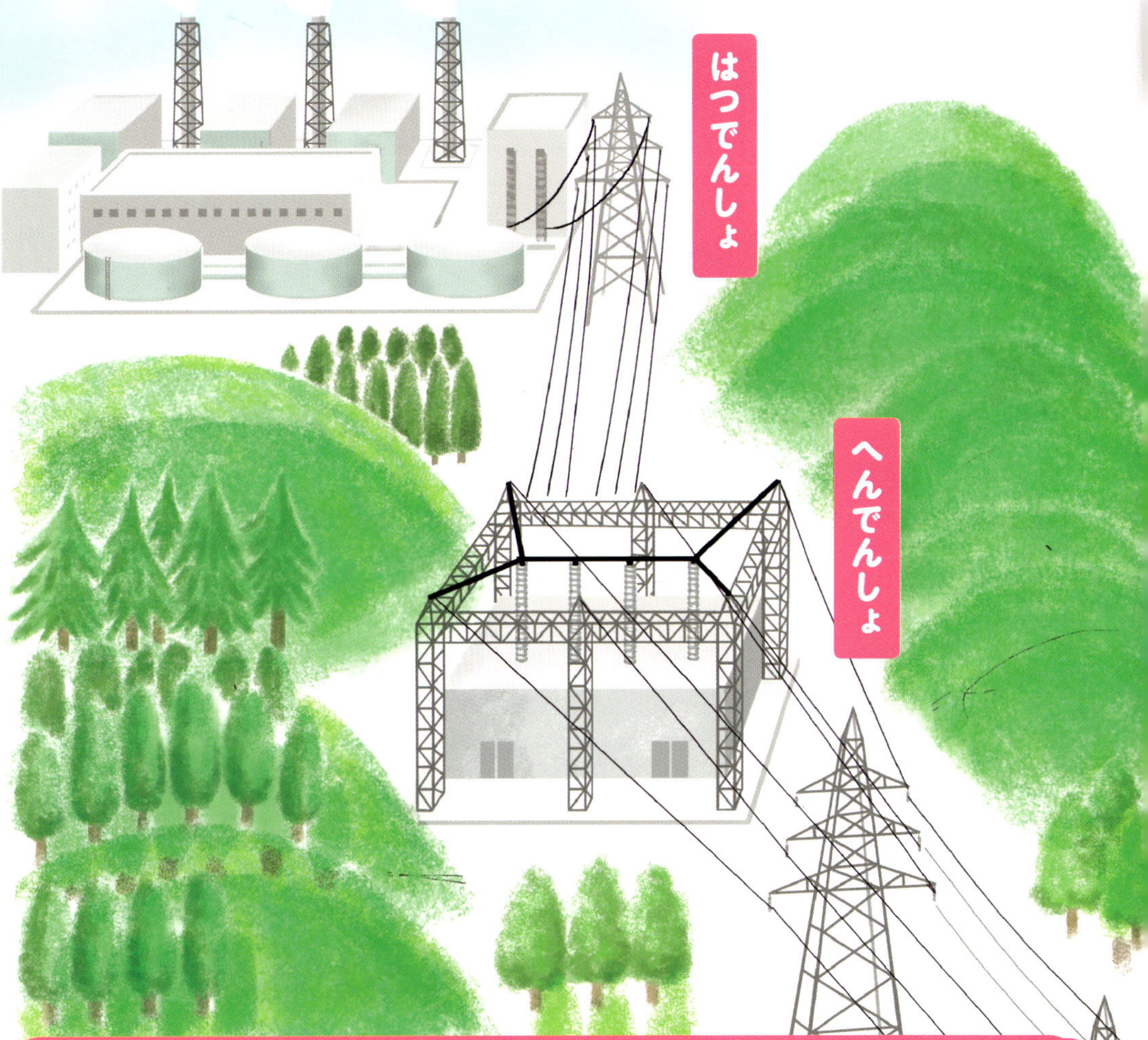

はつでんしょの しゅるい

でんきを つくる ことを「はつでん」と いいます。はつでんの ほうほうには、いくつかの しゅるいが あります（→90ページ）。

すいりょく はつでんしょ

かりょく はつでんしょ

げんしりょく はつでんしょ

おうちのかたへ

発電所で発電した電気は、途中で発熱して損失することを防ぐために、超高電圧にしてから送電線に送り出されます。これを、各地にある変電所で徐々に電圧を下げ、工場や電車、家庭など、それぞれが使いやすい電圧に変えます。家庭用の電気は、配電用変電所から配電線によって電柱の柱上変圧器に送られ、100ボルトまたは200ボルトに変圧して、各家庭に届けられます。

主な発電方法には、水力・火力・原子力があり、日本では火力発電が主となっています。水力発電は、水の力で水車を回して発電機を動かして電気を作ります。天然ガスや石油、石炭を燃やす火力発電、ウランの核分裂時の発熱を利用する原子力発電は、いずれも熱で水蒸気を発生させてその力でタービン（羽根車）を回し、発電機を動かします。

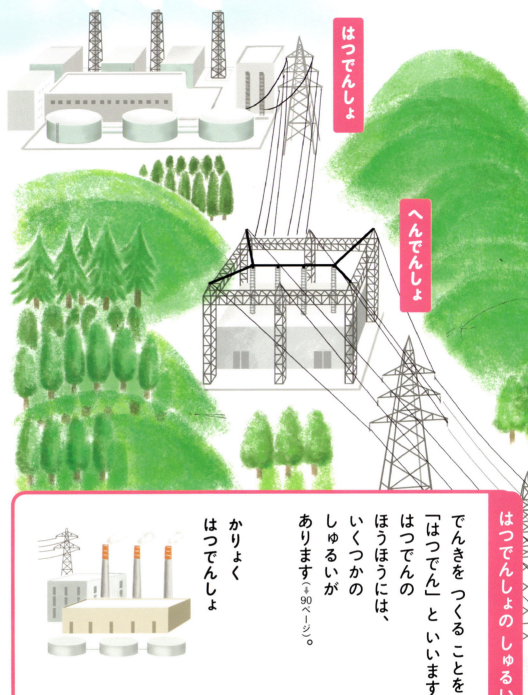

まちを はしる じどうしゃ

にもつを はこんだり、ひとを
はこんだりする じどうしゃ。
じどうしゃが あると、とおくまで
たくさんの ものを はこべるね。

じょうようしゃや バス《ばす》、トラック《とらっく》、
たくさんの じどうしゃが
まちを はしっています。
じどうしゃは いまの せいかつに
なくては ならない のりものです。
はしる ためには
せきゆから つくられる ねんりょうや
でんきが ひつようです。

ガソリンスタンド《がそりんすたんど》

トラック《とらっく》
たくさんの にもつを
いちどに はこぶ
ことが できる。

じょうようしゃ
かいものに いく ときや
とおくに りょこうへ
いく ときなどに
ひとや ものを はこぶ。

GAS STATION
じどうしゃを はしらせる ために ガソリン《がそりん》や けいゆを いれる。
バス《ばす》
たくさんの ひとを のせて いろいろな ところに いく。

エコカー《えこかー》

じどうしゃは、はしる ときに にさんかたんそ（↓56ページ）や ひとに とって がいに なる ものを ふくむ「はいきガス《がす》」を だしています。

そこで、すくない ねんりょうで はしり、はいきガス《がす》が すくない ものや、でんきの ちからを りようして はしり、はいきガス《がす》を ださない ものなど、かんきょうや ひとに とって がいが すくない「エコカー《えこかー》」が つくられるように なっています。

でんきを じゅうでんしている ところ。

おうちのかたへ

乗用車やバス、トラックなど自動車は、人やものの移動に便利な乗り物です。しかし、鉄道や船に比べると、輸送効率（輸送できる量と消費する化石燃料の比率）は悪くなります。貨物輸送におけるエネルギー消費量の割合は、船・飛行機・鉄道を差し置いてトラックが9割を占めます。自動車は輸送時の二酸化炭素排出量も多く、鉄道の6倍、船の5倍にもなるため、トラックから鉄道や船による貨物輸送に転換する「モーダルシフト」が推進されています。また、ガソリン消費量を抑えて長く走行できる低燃費車、ガソリンエンジンと電気モーターを搭載したハイブリッド車、ガソリンを使わない電気自動車などの開発も進んでいます。

まちの なかの みせ

まちの なかには
スーパーマーケット《すーぱーまーけっと》や
コンビニエンスストア《こんびにえんすすとあ》が たくさん あり、
いちにちじゅう ひらいているので、
ほしい ものは いつでも きがるに
てに はいります。

みせの なかは
いちにちじゅう
でんきが ついている。
24
24
24
24

SALE
SUPER
SALE

よく かぞくで かいものに いく
スーパーマーケット《すーぱーまーけっと》は、
あさ はやくから よる おそくまで
ひらいているんだって。

おうちのかたへ

まちなかの八百屋や魚屋といった専業の小売店は全国的に減っていて、今や日常の主な買い物先は、スーパーマーケットやコンビニエンスストアです。商品は、生産地や製造工場から卸売業者を経て、または近年増えたプライベートブランド商品などはメーカーから直接仕入れて、店頭に並びます。24時間営業している店舗もある、スーパーマーケットやコンビニエンスストアは、便利な反面、照明や冷蔵設備などでたくさん電力を使うほか、食品トレーや過剰な包装が家庭から、また、売れ残った食品などが店から、ごみとして出される問題があります。これは、「食品ロス」の問題にも関わっています(↓97ページ)。

べんとうの ようきは プラスチック《ぷらすちっく》で できていて つかいすて(↓122ページ)に なっている。

みせの たなには いろいろな ところから はこばれてきた たべものや こうじょうで つくって はこばれてきた べんとうや デザート《でざーと》、パン《ぱん》などが きれいに ならんでいます。

たべものは どこから くるの？

みせには おいしそうな やさいや
くだものが うられているよ。
みんな、ながい たびを して
みせに やってきたんだって。

わたしたちは じぶんで やさいや うし、ぶたを そだてたり、うみに いって さかなを とったりしなくても、みせで かって いろいろな たべものを たべる ことが できます。たべものは トラック《とらっく》や かもつれっしゃで、にほんじゅうから みせに はこばれてきます。

みせには
いろいろな しゅるいの
たべものが ならんでいる。

まいにちの ごはんは
いろいろな ざいりょうを
つかって つくられている。

ふねや ひこうきで
がいこくから、
はこばれてくる たべものも
たくさん あります。
わたしたちは、
にほんで とれる
たべものより、
がいこくから
はこばれてくる
たべものを
おおく たべています。

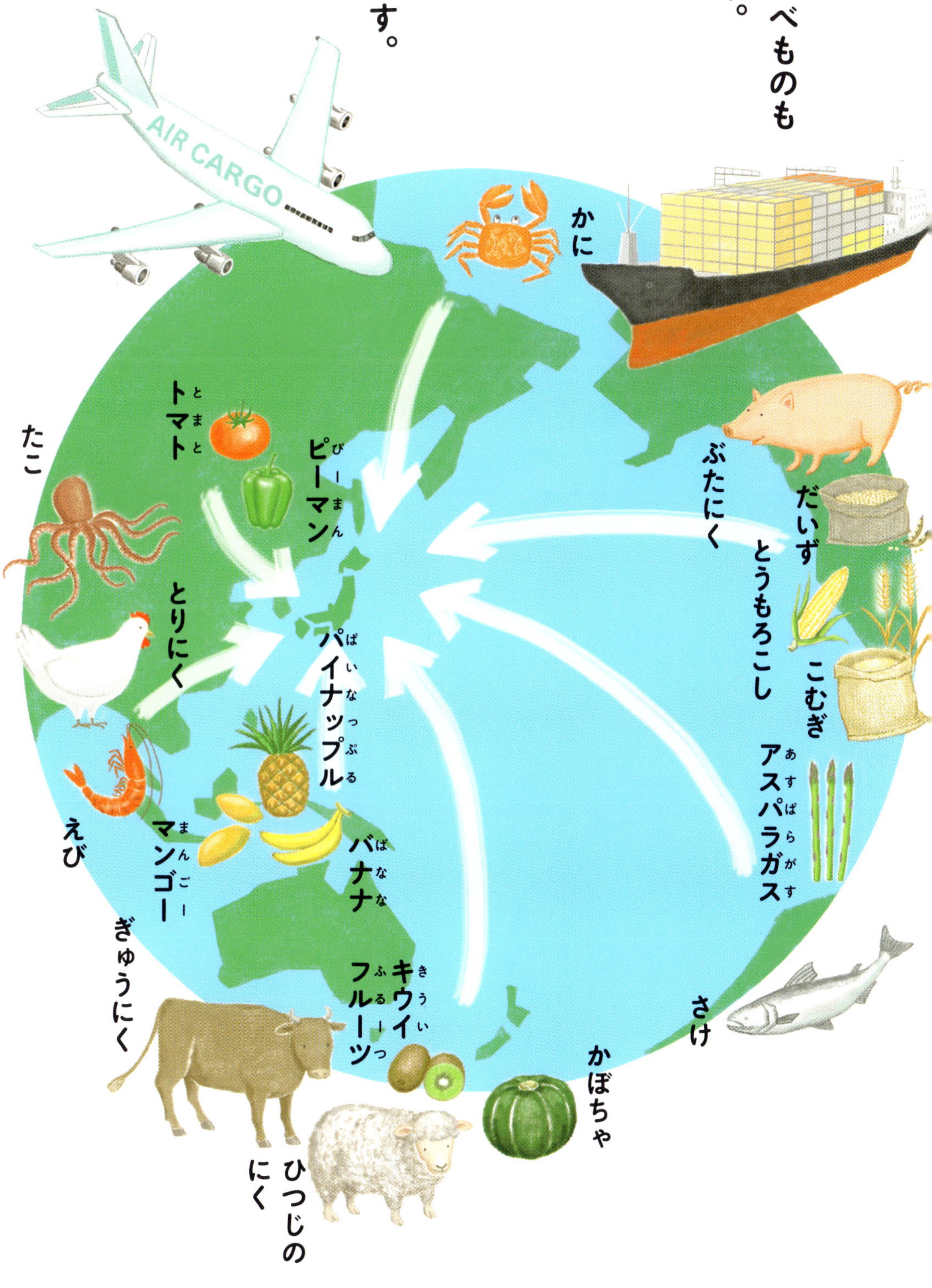

AIR CARGO
かに
ぶたにく
だいず
とうもろこし
こむぎ
アスパラガス《あすぱらがす》
さけ
かぼちゃ
ひつじのにく
キウイフルーツ《きういふるーつ》
バナナ《ばなな》
マンゴー《まんごー》
ぎゅうにく
えび
パイナップル《ぱいなっぷる》
とりにく
ピーマン《ぴーまん》
トマト《とまと》
たこ

おうちのかたへ

肉や魚、野菜などの生鮮食料品は、主に産地から卸売市場を経て小売店に届きます。現在、日本の食料自給率は39パーセント（２０１５年度）で、食物の多くを輸入に頼っています。遠方から運ぶほど輸送時の燃料消費や二酸化炭素排出量が増え、環境に負荷がかかります。この負荷を（重量）×（産地からの距離）で表したのが「フードマイレージ（➡91ページ）」です。麺類やパン、豆腐や味噌《みそ》、醤油《しょうゆ》の原料となる小麦や大豆もほとんど輸入している日本は、フードマイレージが極めて高い国です。

ほかにも、輸入された食料が生産されるのに必要な水の量を推計し、自国で生産していないぶん、その水を輸入していることになるとする「バーチャルウォーター（➡91ページ）」という環境負荷の概念もあります。

くらしに かんけいする ことば①

のみみず

にんげんが のめるように きれいに した みず。
かわや みずうみから とられた みずは、
じょうすいじょうで どろや ごみなどを とりのぞき、
しょうどくし きれいに してから はいすいちに ためられる。
そこから すいどうかんで ひつような ばしょまで
はこばれる。

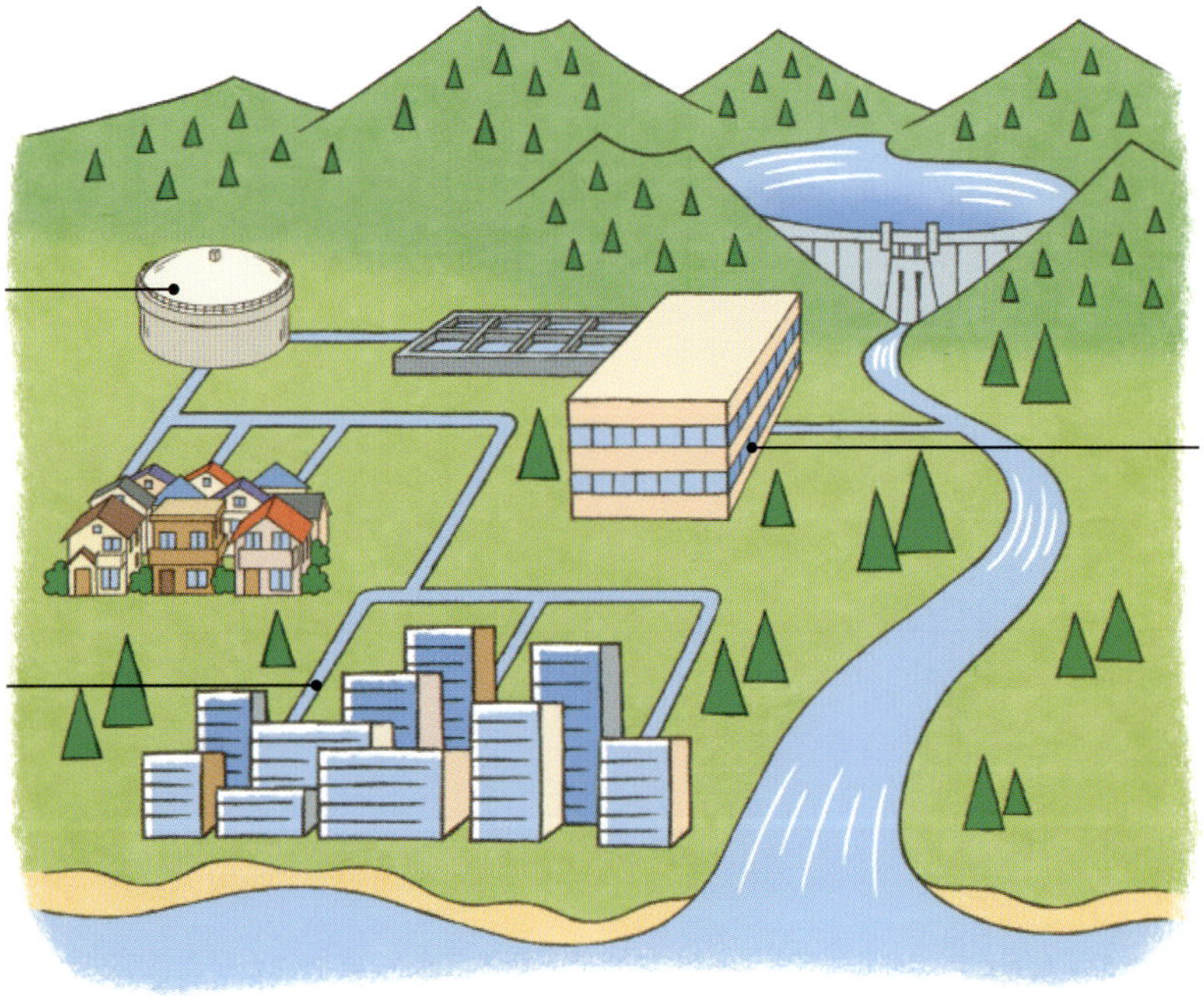
じょうすいじょう
かわや みずうみの みずを
きれいに する ところ。
はいすいち
きれいに した みずを
ためて おく ところ。
すいどうかん
のみみずを いえや
がっこうに おくる くだ。

げすい

いえや こうじょうなどから
でた よごれた みず。
そのまま かわや うみに
ながれないように、
げすいどうを とおして
げすいしょりじょうに おくり、
よごれを とりのぞいてから
かわや うみに もどす。

げすいしょりじょう
よごれた みずを きれいに して
かわや うみに
もどす ところ。
げすいどう

のうさんぶつ

やさいや くだもの、いね、
はななど、はたけや たんぼで
そだてて とりいれた ものと、
にく、ぎゅうにゅう、
たまごなど、どうぶつを
そだてて てに いれた もの。

いね
レタス《れたす》
にく

ちくさんぶつ

のうさんぶつの うち、
かちく（にんげんが
せいかつに やくだてる
ために そだてている
どうぶつ）を そだてて てに
いれた もの。

うし
ぶた
とり

くらしに かんけいする ことば②

すいさんぶつ

さかなや かい、かいそうなど うみ、かわ、みずうみから とる ことが できる もの。

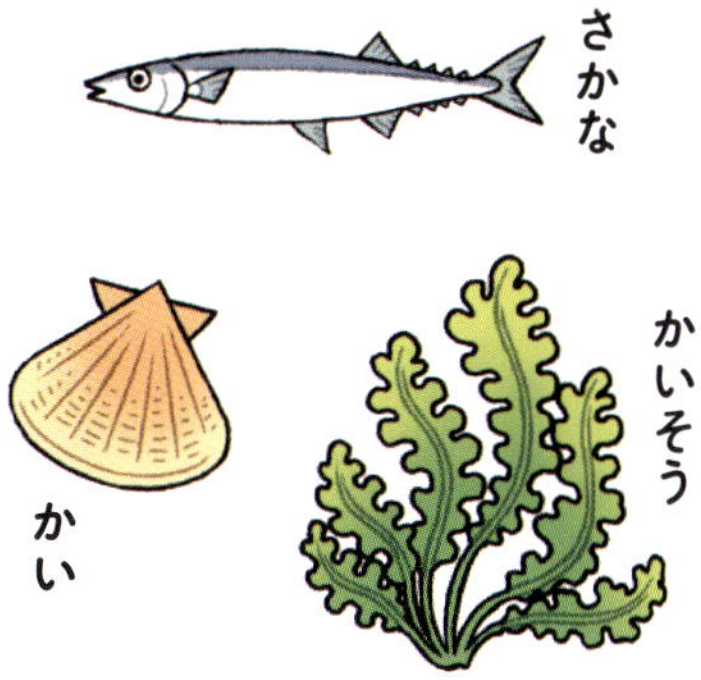
さかな
かいそう
かい

ぬの

いとを おったり あんだりして つくった もの。わたから つくった いと（もめん）や、どうぶつの けから つくった けいと、せきゆから つくった いと（かがくせんい）などから つくられる。

セーター《せーたー》
（けいと）
ティーシャツ《てぃーしゃつ》
（もめんや かがくせんい）

プラスチック《ぷらすちっく》

せきゆから つくられる ものの ひとつ。ねつを くわえると かたちが へんかする。さまざまな ようきや せいひんに つかわれて いる。

ようき
おもちゃ
ぶんぼうぐ

LED《えるいーでぃー》しょうめい

でんきの ちからで あかるく てらす しくみの ひとつ。でんきを つかう りょうが すくなくて すむと いう よさが ある。

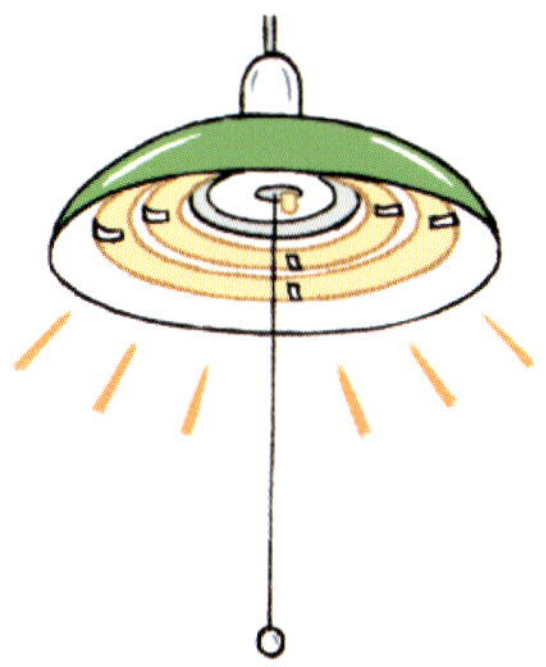

かみ

えや じを かいたり、ものを つつんだりするのに つかう うすい もの。こまかく くだいた きを にて、やわらかくしてから ほぐした せんいを みずに とかして うすく のばし、かわかして つくる。

きんぞく

てつや アルミニウム《あるみにうむ》のように ピカピカ《ぴかぴか》して いて でんきを とおす もの。じめんの なかに うまって いる こうせきを とりだして つくられる。

やかん
トランペット《とらんぺっと》

でんかせいひん

でんきの ちからで うごく、せいかつに やくに たつ きかいの こと。れいぞうこや テレビ《てれび》、エアコン《えあこん》、せんたくきなど、いえの なかには たくさんの でんかせいひんが ある。

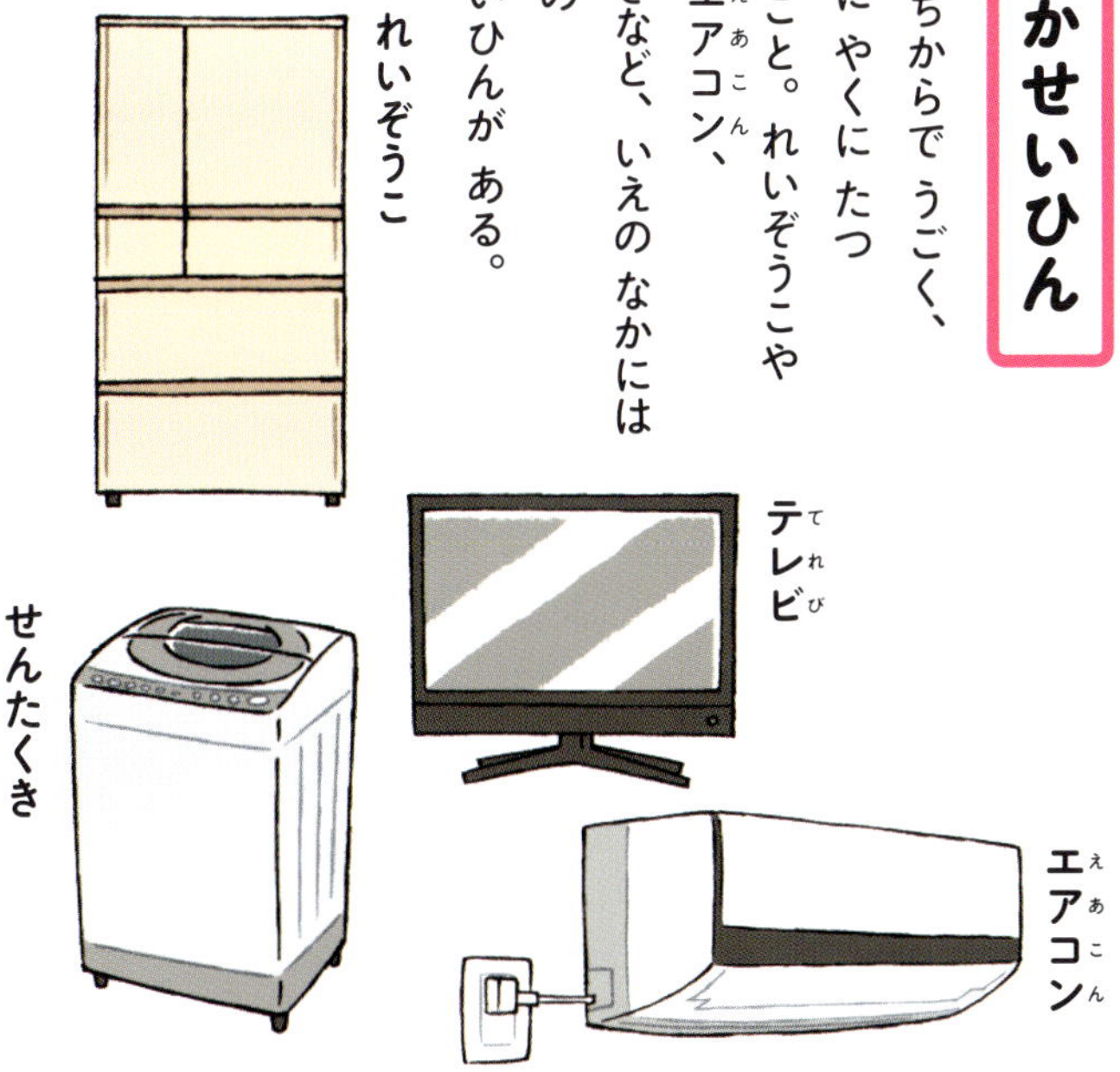
れいぞうこ
テレビ《てれび》
せんたくき
エアコン《えあこん》

エネルギー《えねるぎー》に かんけいする ことば

エネルギー《えねるぎー》

ひかりや ねつを だしたり
きかいを うごかしたりする
ちからの こと。
しぜんから とれる
ねんりょうを つかって
つくる ものが おおい。
エネルギー《えねるぎー》を つかいすぎると
しょうらいは ねんりょうが
たりなくなって しまう ことが
かんがえられる。
エネルギー《えねるぎー》の むだを なくす
ための とりくみを
「しょうエネ《えね》」と いう。

エネルギー《えねるぎー》は
いろいろな
ばしょで
つかわれている。

ものを はこぶ とき

りょうりを する とき

ものを つくる とき

ねんりょう

しぜんの なかから とれる もので、
もやして エネルギー《えねるぎー》を える もの。
せきゆや せきたん、てんねんガス《がす》など。
ねんりょうの なかには りょうが
かぎられている ものが おおい。
つかいすぎると なくなって しまう
しんぱいが ある。

せきゆ

せきたん

てんねんガス《がす》

ガス《がす》を ためておく タンク《たんく》

はつでん

でんきを つくる こと。
ふだん つかわれている
でんきは はつでんしょで
はつでんされている。
はつでんするには
さまざまな ほうほうが
ある。

すいりょくはつでん

みずが ながれる ちからで
はつでんきを うごかし、
でんきを つくる。

すいしゃ
みずの ちからで
すいしゃを まわして
はつでんきを うごかす。

かりょくはつでん

せきゆや せきたん、
てんねんガス《がす》などの
ねんりょうを もやした ねつで
すいじょうきを つくり、
そのちからで はつでんきを
うごかし、でんきを つくる。

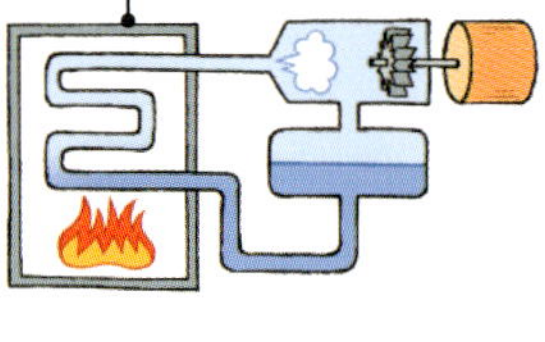
ボイラー《ぼいらー》
なかで
ねんりょうを
もやして
ねつを だす。

げんしりょくはつでん

ウラン《うらん》と いう こうせきを
ぶんれつさせた ときに おこる
エネルギー《えねるぎー》を つかって
すいじょうきを つくり、
そのちからで
はつでんきを
うごかし、
でんきを つくる。

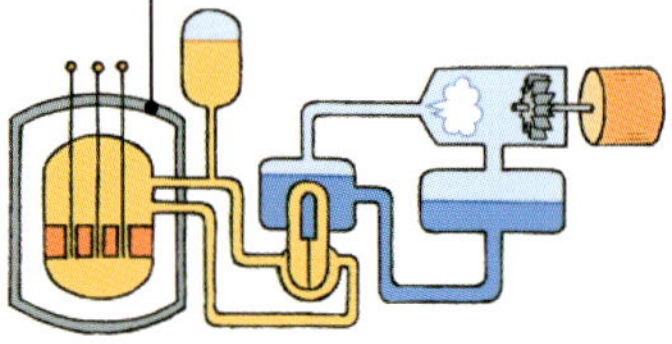
げんしろ
なかで
かくぶんれつを
おこして
ねつを だす。

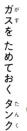

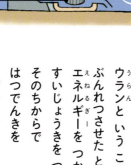

ゆそうに かんけいする ことば

はいきガス《がす》

じどうしゃが ねんりょうを もやした ときに でる ガス《がす》。にさんかたんその ほか、にんげんの からだに とって がいに なる ものが ふくまれている。

はいきガス《がす》

ねんぴ

きまった りょうの ねんりょうで、じどうしゃが どれだけ ながい きょりを はしる ことが できるかを しめす すうじ。のせている ものが おもくなると わるくなる。

ハイブリッド《はいぶりっど》しゃ

ガソリン《がそりん》とでんきを つかって はしる エコカー《えこかー》。エンジン《えんじん》の ほかに モーター《もーたー》が とりつけられている。

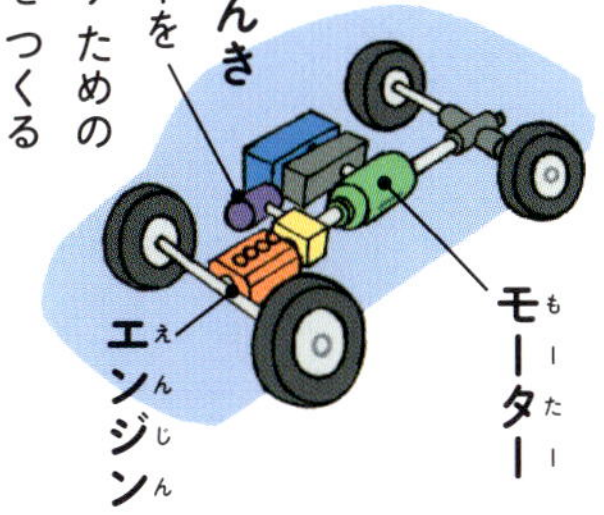

はつでんき
モーター《もーたー》を うごかす ための でんきを つくる
モーター《もーたー》
エンジン《えんじん》

でんきじどうしゃ

でんきの ちからだけで うごく エコカー《えこかー》。バッテリー《ばってりー》に でんきを じゅうでんして はしる。はいきガス《がす》を ださない。

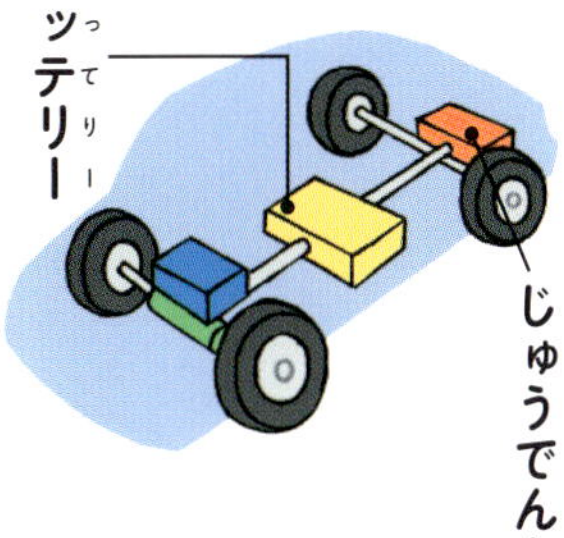

バッテリー《ばってりー》
じゅうでんき

しょくりょうじきゅうりつ

ひとつの くにで ぜんたいで たべられている しょくりょうの うち、そのくにの なかで つくられている たべものや ざいりょうが どれだけ あるかを しめす すうじ。

てんぷらそばには がいこくの ざいりょうが たくさん つかわれている。

えび
ベトナム《べとなむ》など
こむぎ(ころも)
アメリカ《あめりか》など
そば
ちゅうごくなど

フードマイレージ《ふーどまいれーじ》

ある たべものが つくられてから たべられるまでに いどうした きょり。フードマイレージ《ふーどまいれーじ》が すくないほど、ゆそうに かかる エネルギー《えねるぎー》は すくない。

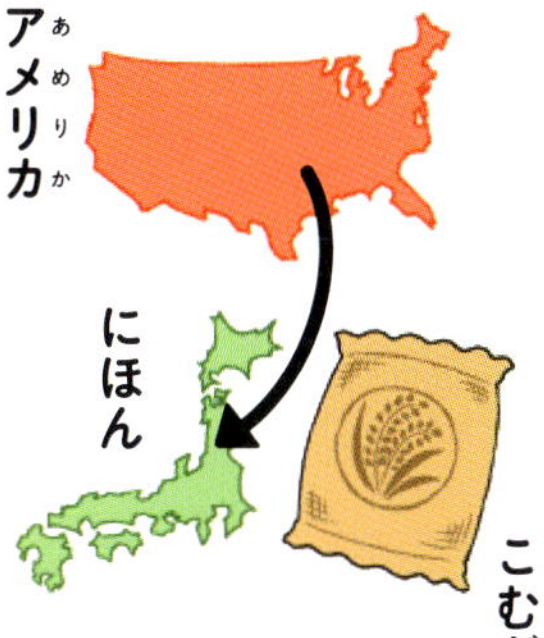

アメリカ《あめりか》
にほん
こむぎ

バーチャルウォーター《ばーちゃるうぉーたー》

がいこくから はこばれてきた たべものが、もし じぶんの くにで つくられた ばあいに ひつような みずの りょう。

オレンジジュース《おれんじじゅーす》
1ぱいは
168リットル《りっとる》

ぎゅうにく
100グラム《ぐらむ》は
2060リットル《りっとる》

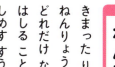

やってみよう

スーパーマーケット《すーぱーまーけっと》を たんけんしよう

きんじょの スーパーマーケット《すーぱーまーけっと》に うっている ものを みてみよう。

みせに うっている たべものが どこで つくられた ものか、しらべてみよう。いろいろな うりばを みてみよう。

やさい

いろいろな ばしょで いろいろな やさいが つくられて いるよ。

にく

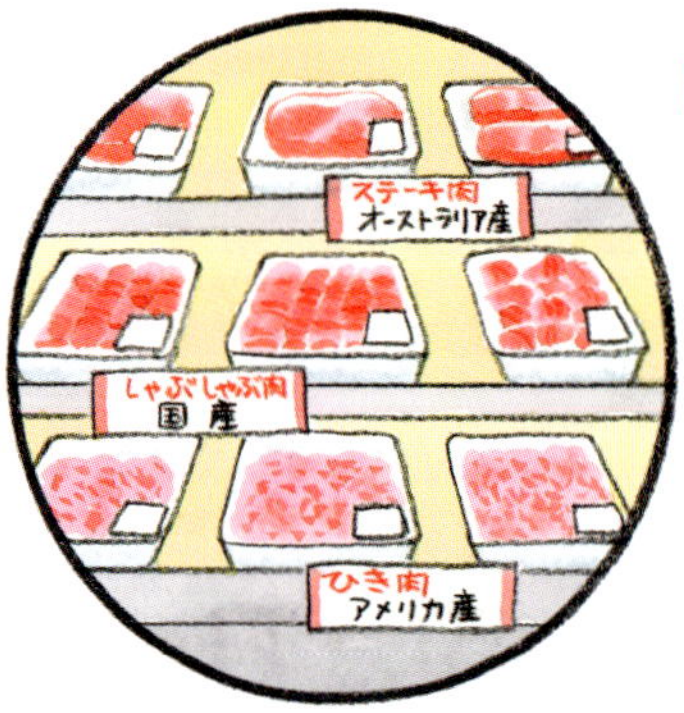

がいこくで そだてられた かちくの にくも うられて いるよ。

さかな

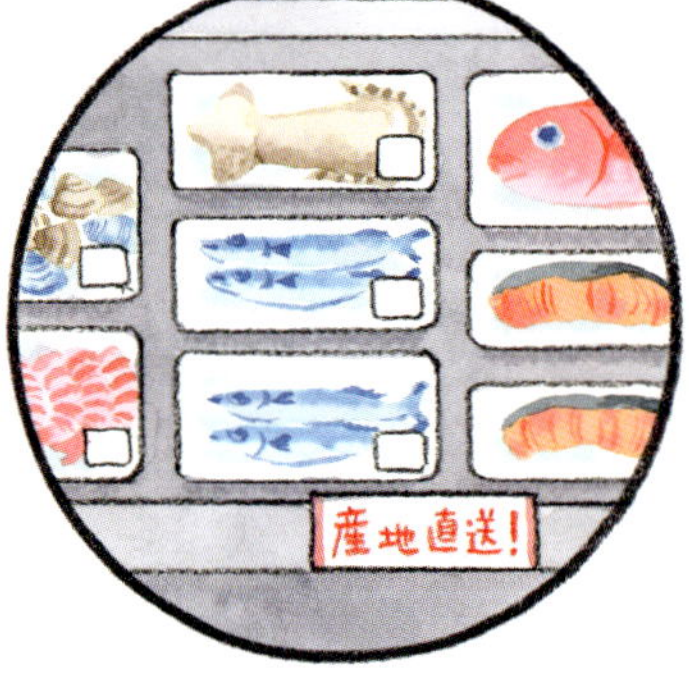

ぜんこくの みなとから とどいた さかなが うられて いるよ。

くだもの

がいこくで つくられて いる ものも あるよ。

こめ

いろいろな ちほうの こめが うられて いるよ。

5 ごみを へらす くらし

いえの ごみは、
しゅるいごとに わけて
だしているよ。
きょうは もやす ごみを
だす ひだから、
おかあさんが ごみを
まとめているよ。
あしたは しげんごみを
だす ひだから、
おとうさんと いっしょに
しんぶんと かんを
まとめておくよ。

いろいろな ものが ごみに なる

わたしたちは、
いろいろな ものに
かこまれて
せいかつを して います。
つかいおわった ものや
こわしてしまったり
あきてしまったりして、
つかわなくなった ものは、
ごみと して すてられます。

よみおわった しんぶん
こわれたり ふるくなったりして つかえなくなった かぐ

ごみに なるのは、かみくずや
ほこりだけでは ないよ。
いえの なかを みてみよう。
なにが ごみに なるのかな。

つかわなくなったり、
こわれたりした
なべや しょっき、
ぶんぼうぐなどの どうぐ
あたらしい ものに
かいかえた あとの
ふるい でんかせいひん
ちいさくて
きられなくなったり
やぶれたりした ふく
こわれたり、
あきてしまって
つかわなく
なったりした
おもちゃ

これらの ものも、
ながく たいせつに
つかう くふうを すれば、
ごみを へらす ことが できます。

おうちのかたへ

必要がなくなったもの、役に立たなくなったものはごみになります。私たちの生活は衣食住に多くのものを使うことで成立しており、家の中には、さまざまなものがあふれています。どれだけのものが家の中にあるか見渡してみましょう。それらはやがてごみになります。家でさえも、古くなったり、住む人がいなくなったりすれば、壊され、ごみになるのです。生活が豊かになるとともに増えてきたごみの中でも、特に増えているのはプラスチックのごみです。プラスチックは商品の容器などに多く使われ、軽くて便利ですが、ごみになると処理しにくく、原料となる石油資源に限りがあることも問題となっています。

すてられてしまう たべもの

たべものは ごみじゃないね。
でも なかには、たべられない まま
すてられてしまう ものも
あるんだって。

たべものは、にほんじゅうから、また、とおい がいこくからも はこばれてきます。
かいすぎたり たべきれなかったりして、
たべものを すててしまった ことは ありませんか。
たべものの ごみの しゅるいを みてみましょう。

たべない まま
きげんを すぎたり
くさったりした もの

たべものには、
「しょうひきげん（↓122ページ）」や
「しょうみきげん（↓122ページ）」が
かかれているよ。

ごはんの
たべのこし
おなかいっぱいで
たべきれなかった
ごはん
きらいで
のこした もの

おうちのかたへ

本来食べられたはずの食品が捨てられることを「食品ロス」といいます。日本では年間約632万トン（２０１３年度）にもおよび、多くの食料を輸入しているのにもかかわらず、毎日、一人ひとりが茶わん１杯分ぐらいの食品を捨てている計算になります。

また、捨てられる食品の約半分は家庭から出されています。

買い過ぎて腐ったり、消費期限を過ぎたりしたもの、調理の際に食べられる部分を捨ててしまったもの、作り過ぎて食べ切れなかった料理などです。買い物をする前に冷蔵庫を確認する、冷凍庫を活用するなど、食品を使い切る、食べ切る工夫が必要です。なお、賞味期限はおいしく食べられる期限で、それを過ぎてもすぐに食べられなくなるわけではありません。

りょうりで つかわなかった ところ
やさいや くだものの へたや しん
たまごの から
さかなや にくの ほね
やさいや くだものの かわ

たべものの ごみの なかには たべる ことが できた はずなのに すてられる ものも あります。そのりょうは、にほんじゅうの ひとが まいにち ちゃわん 1ぱいぶんの ごはんを すてて いる くらいの りょうです。

つかいすての もの

べんとうを かったら
わりばしを くれたよ。
いえに ある はしを つかうのと
どっちが いいのかな。

わたしたちが
つかって いる ものの なかには、
くりかえして つかわず
1かい つかうと
すてて しまう
「つかいすて」の ものが
あります。
くりかえし つかう ものに
かえる ことで
ものを つかいすてに
しないで すみます。

わりばし

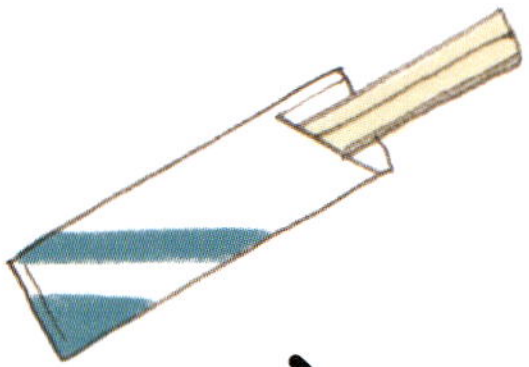

ぬりばしや
プラスチック《ぷらすちっく》の
はし

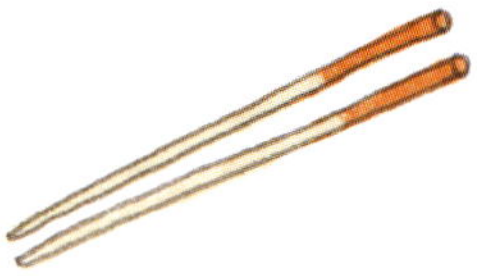

かみざら

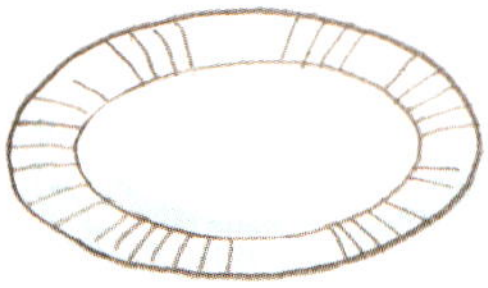

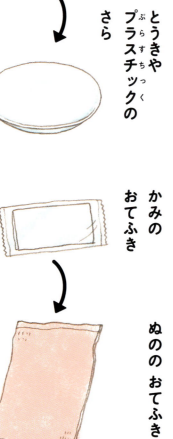

とうきや
プラスチック《ぷらすちっく》の
さら

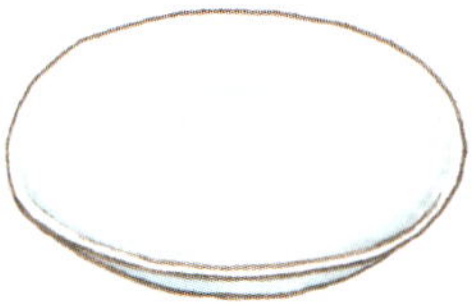

かみコップ《こっぷ》

グラス《ぐらす》や とうきの
コップ《こっぷ》

かみの
おてふき

ぬのの おてふき

カイロ《かいろ》

ゆたんぽ

レジ《れじ》ぶくろ

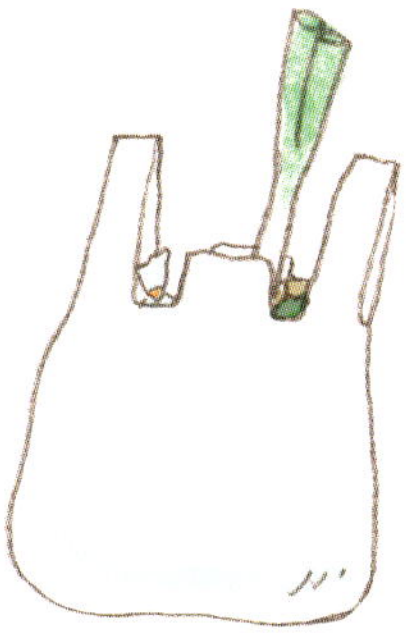

エコ《えこ》バッグ《ばっぐ》

つかいすての マスク《ますく》

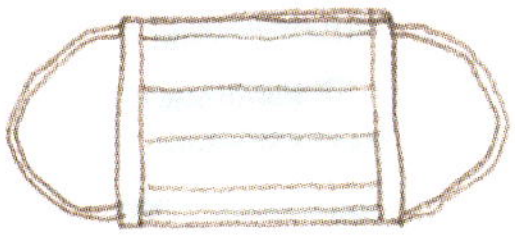

ぬのマスク《ますく》

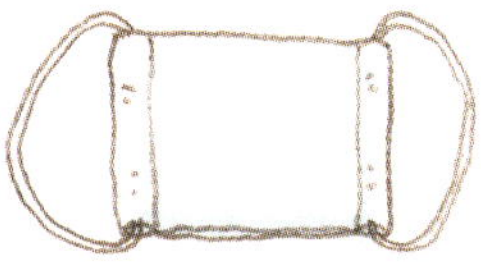

あんぜんの ために つかいすてに する もの

びょういんなどでは、
びょうきに
かんせんするのを
ふせぐ ために
つかいすての ものを
つかっています。

コンタクトレンズ《こんたくとれんず》

ちりょうの ときに
つかう てぶくろ

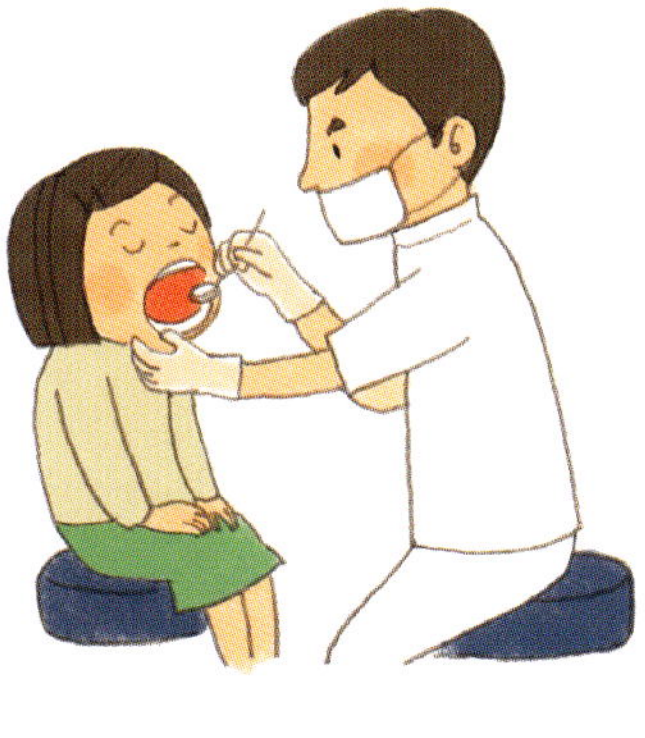

ちゅうしゃの
はり

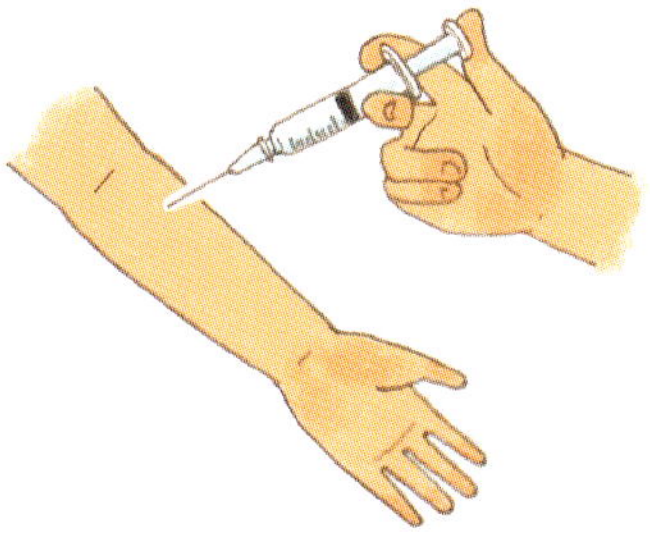

おうちのかたへ

1回、あるいはほんの数回使っただけで捨ててしまうものを使い捨て製品といいます。弁当の容器や紙おむつ、ライターなど、ここにあげたもののほかにも、手軽で便利に使えるたくさんの使い捨て製品が生活に溶け込んでいて、ごみを増やす一因となっています。

資源を守り、ごみを減らすためには、繰り返し使える製品を利用することが大切です。ただ、使い捨てのものには、洗う水を使わずにすむ、かさばらないなどのメリットもあり、衛生面を考えると使い捨てにしたほうが安全なものもあります。利用する目的をよく考え、製品を選ぶことが重要です。

ごみを わけてみよう

いつも、どんなごみを だしているかな。いえの ごみを みてみよう。どんなごみが おおいかな。

いえから でる ごみには いろいろな しゅるいの ものが あります。どんなものが あるのでしょう。なかまごとに わけてみましょう。

はなを かんだ ティッシュ《てぃっしゅ》

のみおわった ビール《びーる》の かん

のみおわった ペットボトル《ぺっとぼとる》

むいた みかんの かわ

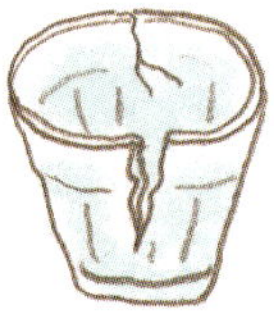
われた コップ《こっぷ》

ごはんの たべのこし

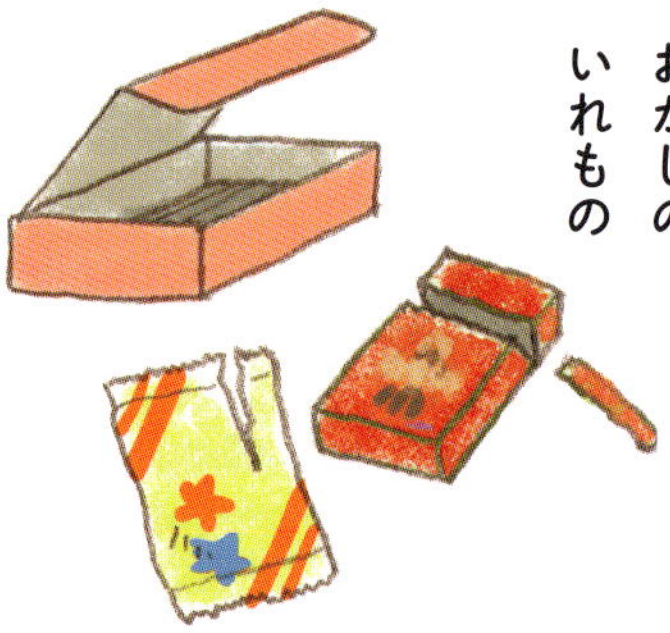
おかしの いれもの

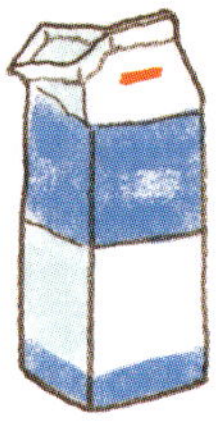
からの ぎゅうにゅうパック《ぱっく》

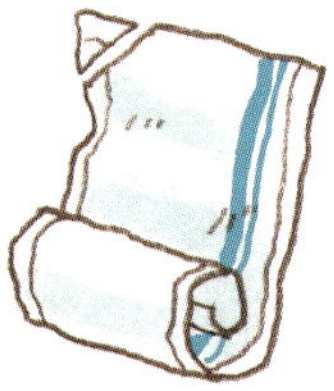
からの せんざいの ふくろ

からの ジャム《じゃむ》の びん

からの カセットボンベ《かせっとぼんべ》

こわれた ボールペン《ぼーるぺん》

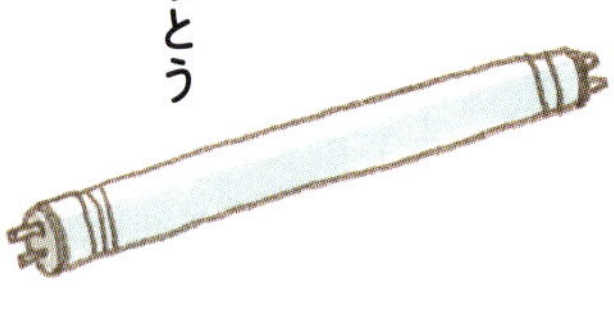
きれた けいこうとう

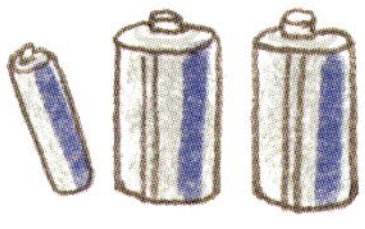
きれた かんでんち

からの ティッシュ《てぃっしゅ》の はこ

よみおわった しんぶん

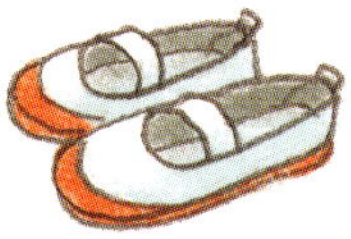
はけなくなった うわばき

からの だんボール《ぼーる》

もやす ごみ

もやさない ごみ

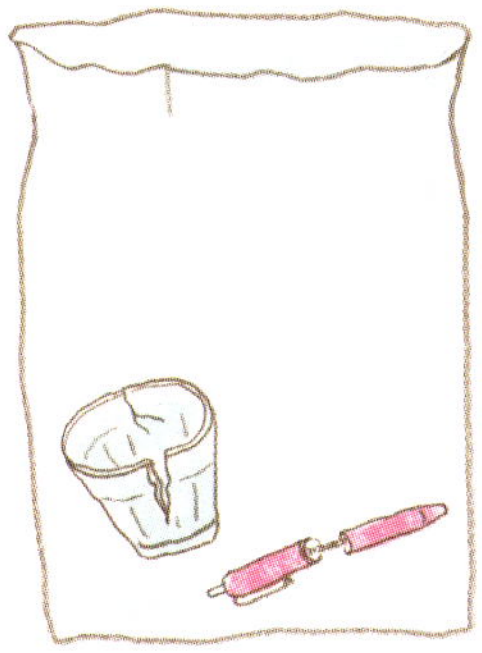

プラスチック《ぷらすちっく》

しげんごみ

ペットボトル《ぺっとぼとる》

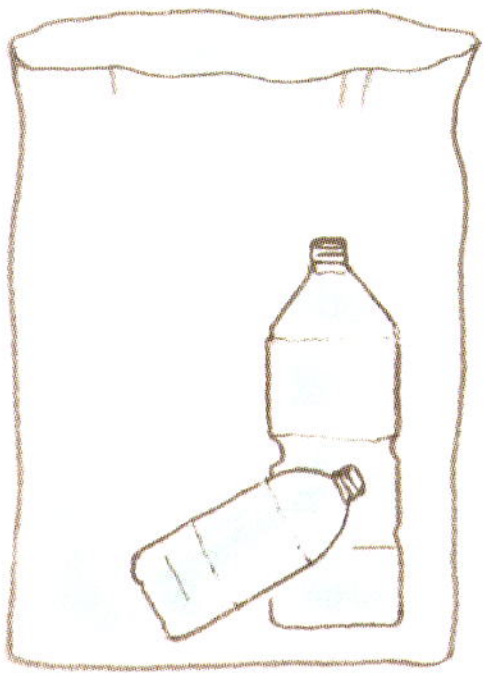

びん

かん

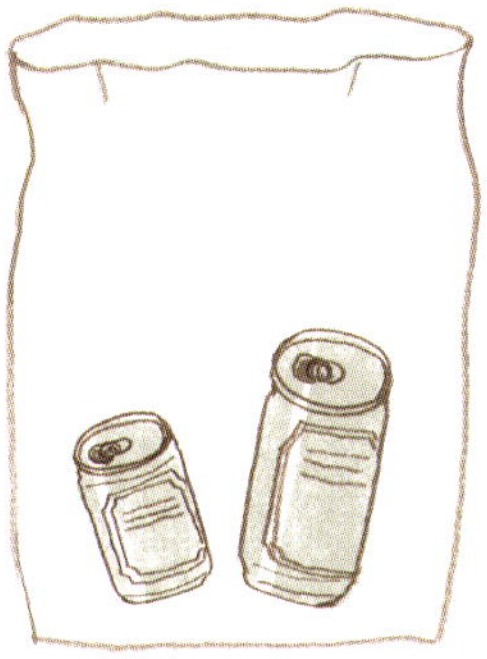

こし

いちど
つかわれた かみ。

あきばこ

かみパック《ぱっく》

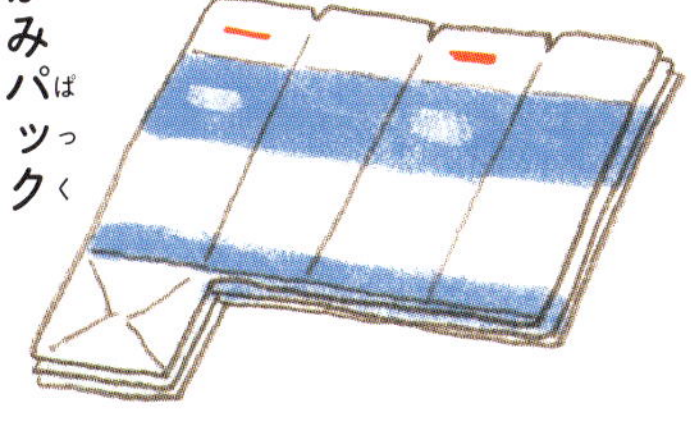

しんぶんし

だんボール《ぼーる》

きけんごみ・ゆうがいごみ

ごみを わける
ほうほうは
ちいきに よって
ちがいます。

おうちのかたへ

ごみを安全に効率よく処理するためには、その種類に応じた適切な処理方法をとる必要があります。家庭から出るごみにはさまざまなものがありますが、きちんと分別して出すようにしましょう。自治体により、ごみ処理の施設やリサイクル（→116ページ）の方法に違いがあるため、どのように分別するかは異なります。地域のルールに従い、ごみと、再び資源として利用できるものをしっかり分けて回収に出すことは、ごみの削減にもつながります。処理するのに注意が必要なスプレー缶や使い捨てライターなどの危険ごみ、乾電池などの有害ごみは、事故や環境汚染を防ぐために、出し方に特に気をつけましょう。

みんなの ごみは どこに いくの？

ごみおきばに だされた ごみは、ごみしゅうしゅうしゃで どこに はこばれていくんだろう。ごみの ゆくえを おってみよう。

いえから でた ごみは しゅるいごとに わけて あつめられ、それぞれに あった ほうほうで しょぶんします。さいごに のこった はいなどの かすは、すべて「さいしゅうしょぶんじょう」と いう ところに はこばれます。

もやす ごみ

そだいごみ

しげんごみ

もやさない ごみ

ふねんごみしょりしせつ

ごみを こまかく くだきます。てつや アルミ《あるみ》など、しげんに なる ものは、わけて とりだします。

しげんに なる もの

しげんに ならない もの

せいそうこうじょう（ごみしょうきゃくしせつ）

ごみを もやして はいに します。
もやす ときの ねつを おんすいプール《ぷーる》などに りようしたり します。

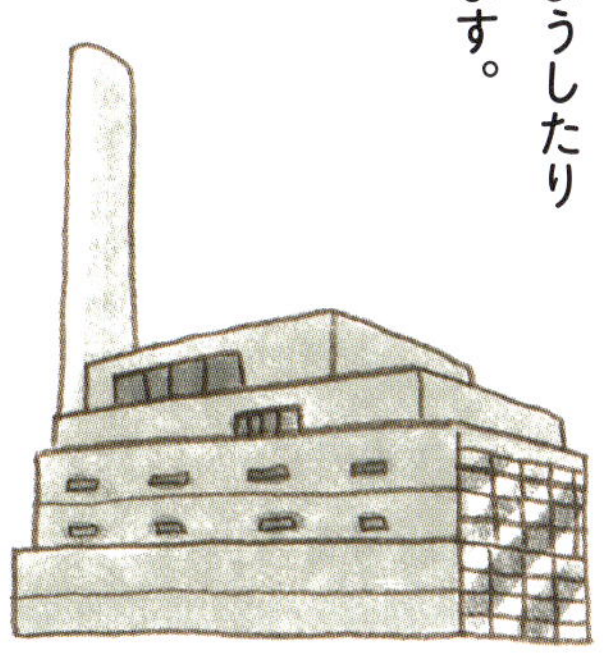

そだいごみ しょりしせつ

こまかく くだいて、もやす もの、もやさない もの、てつのように しげんに なる ものを わけます。

リサイクル《りさいくる》しせつ

びんや かん、ペットボトル《ぺっとぼとる》、こしなどの しげんごみを それぞれ もういちど つかえるように リサイクル《りさいくる》します。

（↓116ページ）

もやす もの

もやさない もの

しげんに なる もの

もやした あとの はい

ねつを くわえて すなのように して、コンクリート《こんくりーと》などの ざいりょうに します。

さいしゅう しょぶんじょう

もえのこった はいや こまかく くだいた もやさない ごみを うめたてます。

おうちのかたへ

家庭で分別されて出されたごみは、ごみ収集車がそれぞれに合った処理施設に運んでいきます。ここでは、大きく、燃やすごみ、燃やさないごみ、資源ごみ、粗大ごみの4つに分けて説明していますが、資源ごみはさらに種類ごとの処理施設に運ばれます。ここでは触れていませんが、危険ごみ、有害ごみもそれぞれに適した処理をされます。

家庭から出されるごみで多いのは、生ごみなどの燃やすごみです。虫や臭いの発生を防ぎ、かさや重さを減らすために燃やされ、そのときに出る熱は、発電や温水を作るのに利用されます。このように廃棄物の焼却の際に発生する熱エネルギーを回収して利用することを、「サーマルリサイクル」といいます。

ごみが さいごに いく ところ

しゅるいごとに しょぶんされた
ごみは、さいごには
ひろい ばしょに うめたてられるよ。
そこは どんなところだろう。

ごみが さいごに すてられる
さいしゅうしょぶんじょうは、
あさい うみを
うめたてた ところや
やまと やまの あいだの
たにまなどに
つくられています。

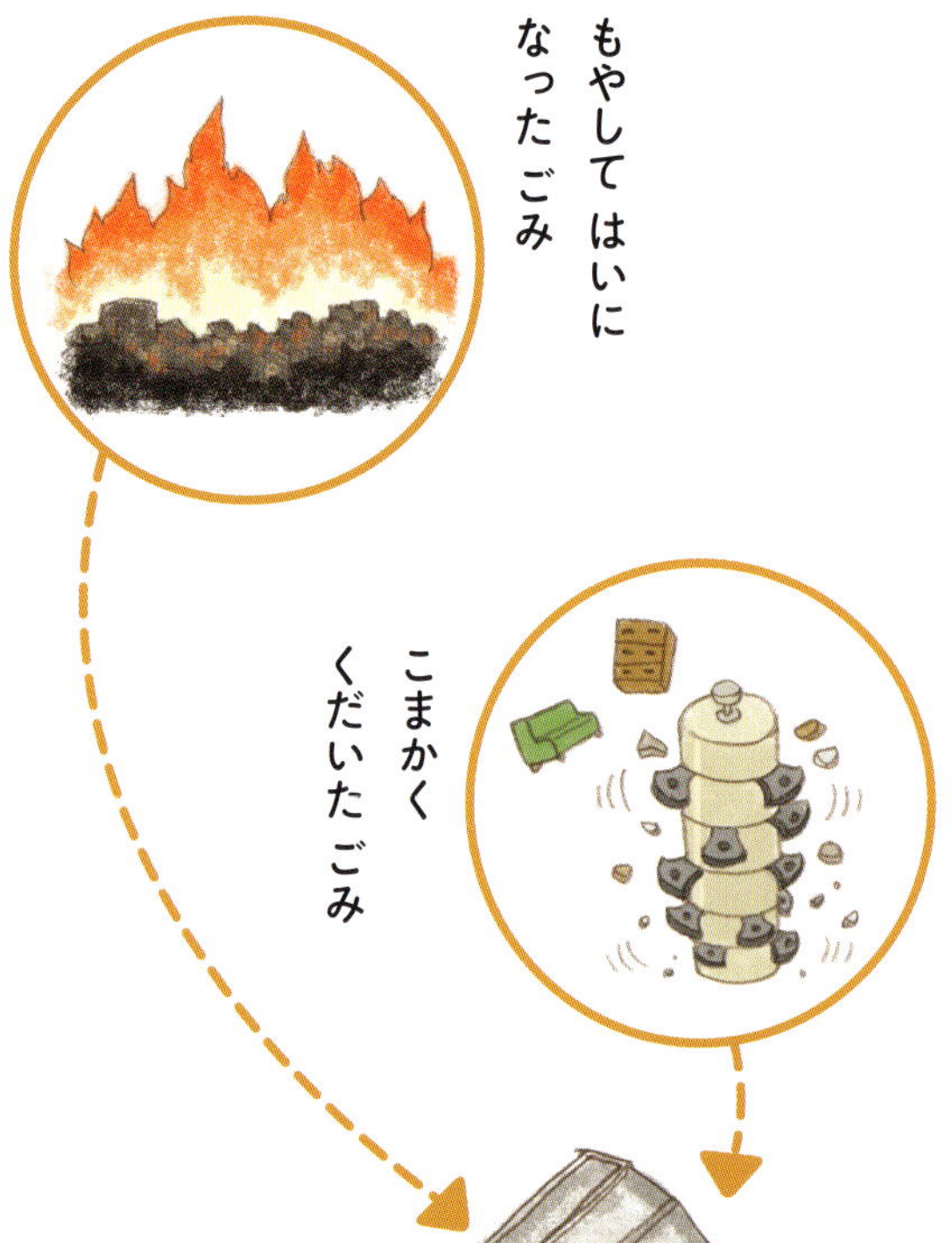

しょぶんされた ごみは
コンテナ《こんてな》しゃで
さいしゅうしょぶんじょうに
はこぶ。

ごみの うえに
ブルドーザー《ぶるどーざー》などで
つちを かぶせて、
ごみが とばないように
する。

さいしゅうしょぶんじょうは
とても ひろい ばしょですが、
うめた ものが なくなる ことは ないので、
いつかは うめる ばしょが
なくなってしまいます。
ごみを すくなくする ための
さまざまな くふうが
ひつように なって います。

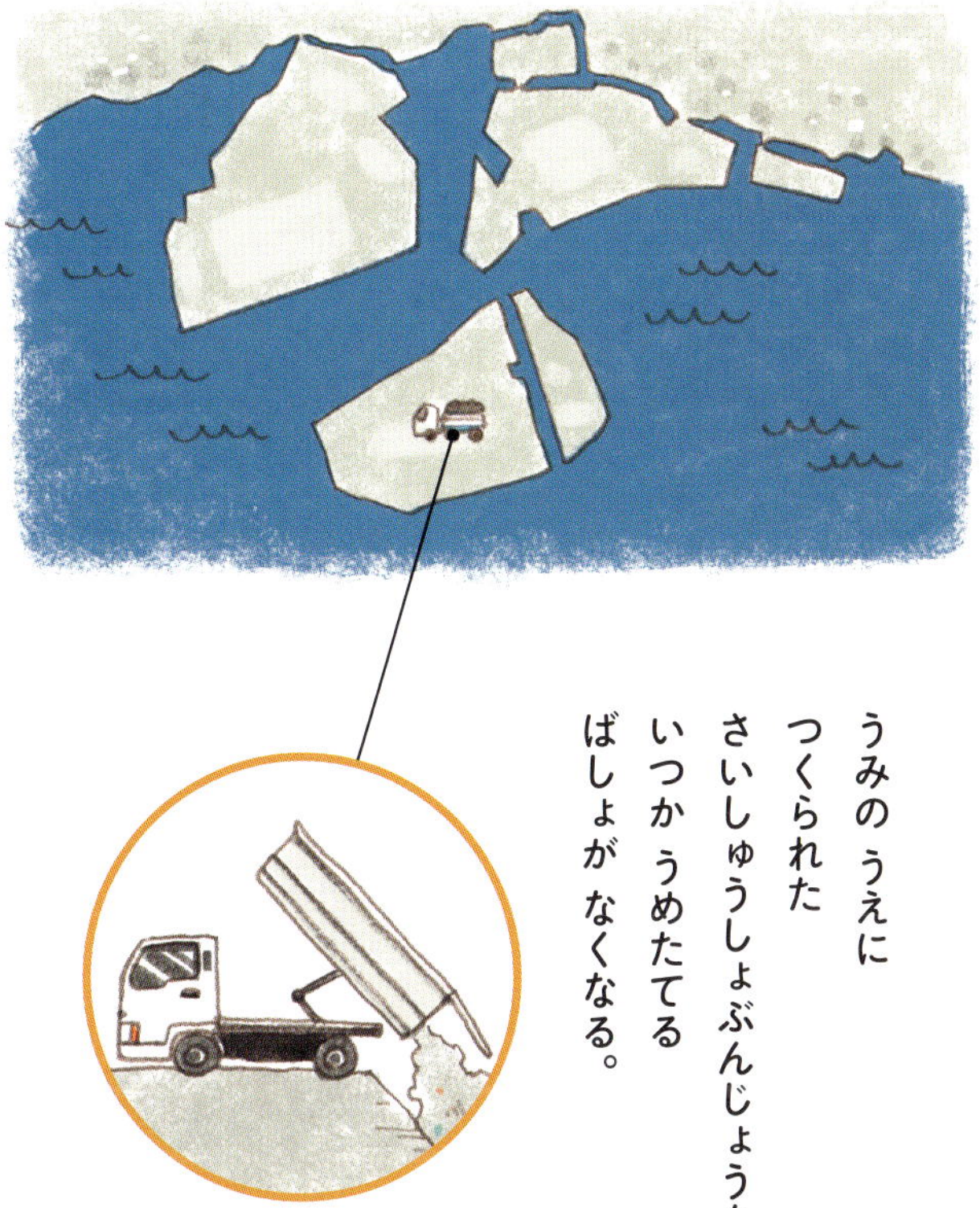

うみの うえに
つくられた
さいしゅうしょぶんじょうも
いつか うめたてる
ばしょが なくなる。

まわりの かんきょうを よごさない くふう

うめた ごみが とびちったり、
ごみから よごれた みずが しみでたりすると、
まわりの かんきょうに わるい えいきょうを
あたえてしまいます。 そうならないような
くふうを して うめたてます。

かんりがた しょぶんじょう

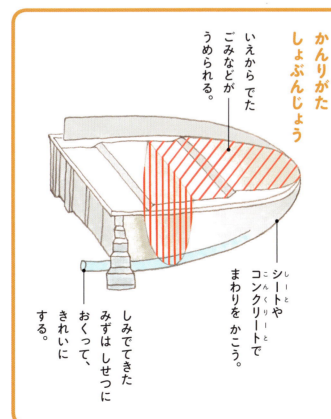

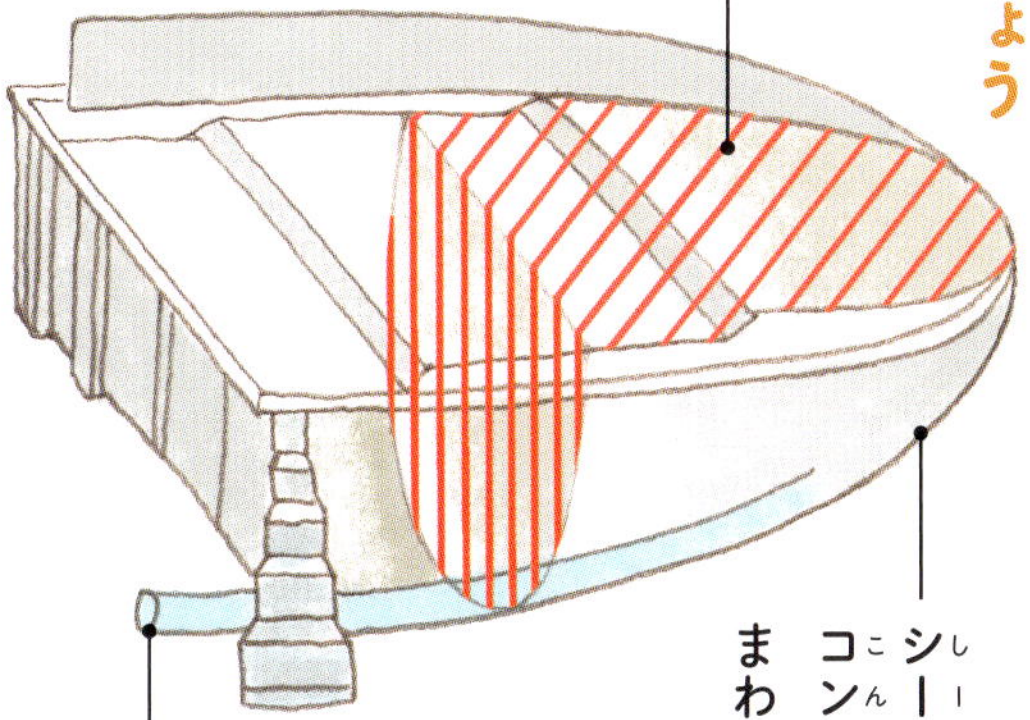
いえから でた
ごみなどが
うめられる。
シート《しーと》や
コンクリート《こんくりーと》で
まわりを かこう。
しみでてきた
みずは しせつに
おくって、
きれいに
する。

おうちのかたへ

もう処理できなくなったごみは最終処分場に埋められます。
最終処分場には3種類あり、家庭ごみが埋められるのは主に「管理型処分場」です。周囲の環境に影響を及ぼさないよう、ごみからしみ出た水を漏らさず、処理施設で浄化してから流します。有害物が多く含まれるごみはコンクリートの壁で囲まれ、屋根がつけられた「遮断型処分場（↓124ページ）」、周囲を汚染する心配が少ないごみは「安定型処分場」に埋められます。

最終処分場にできる場所には限りがあり、このままでは家庭ごみなどを含む一般廃棄物の最終処分場はあと20年ほどでいっぱいになるとされています（2014年度現在）。

ごみを へらす くふう①
ごみを ださない かいもの

かいものの しかたを
くふうする ことで ごみを
へらす ことが できるんだって。
どうすれば いいのかな。

ひつような ぶんだけを かい、
あまるほど かわないように すると
ごみが へります。
かいものを している ひとを みて、
どんな かいかたを
すれば いいのか
かんがえてみましょう。

りょうの すくない ぎゅうにゅう
りょうの おおい ぎゅうにゅう
MILK
MILK
かったものを エコバッグ《えこばっぐ》に いれて もちかえる ひと
レジ《れじ》ぶくろが いらない ことを つたえる カード《かーど》
かったものを レジ《れじ》ぶくろに いれて もちかえる ひと

おうちのかたへ

ごみを減らして、環境に負荷をかけないような社会を目指す取り組みに3R（リデュース・リユース・リサイクル）があります。その中でも、最優先させるべき取り組みが、ごみとなるものを減らす「リデュース」です。家庭でまずできるリデュースは、買い物をするときに必要なものだけを買うことです。使い切れる量の品物、包装が簡単な品物を選び、レジ袋など不要になるものはもらわないようにして、ごみとして出すものを減らします。商店ではバーコードを使ったシステムを生かし、仕入れ過ぎを防ぐなどの商品管理に取り組んでいます。

ごみを へらす くふう②
つかいすての ものを つかわない

みんなで たのしい ピクニック《ぴくにっく》。
かえる ときに できるだけ
ごみを ださないように すると
ごみばこも すっきり、 きもちいいね。

ピクニック《ぴくにっく》が おわったら、
どんなごみが でるでしょう。
ふたつの かぞくを
くらべてみましょう。

べんとうや
のみものの いれもの、
おてふきなど、
くりかえし つかえる
ものを つかえば
ごみは とても すくなくなります。

すいとう
プラスチック《ぷらすちっく》の ようきに つめた べんとう
ぬのの おてふき
あらって くりかえし つかえる しょっき
ごみは でない

つかいおわった ものが ごみに なる

つかいすての ようきに つめた べんとう
わりばし
わりばし
かみざら
ウェット《うぇっと》
ティッシュ《てぃっしゅ》
ペットボトル《ぺっとぼとる》
かん

くりかえし つかえる もの

くりかえし つかう ために つくられて いる ものが あります。

じゅうでんち
じゅうでんして くりかえし つかえる でんち。

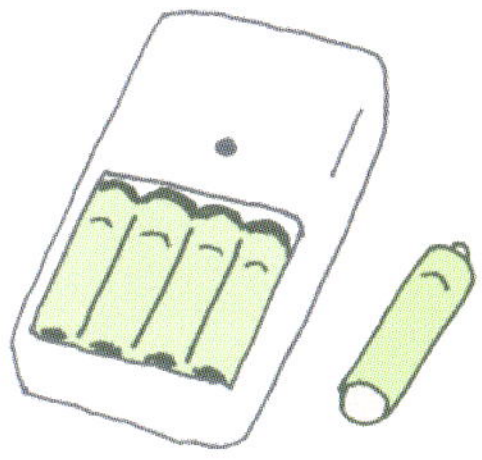

リターナブル《りたーなぶる》びん
くりかえし つかう ことの できる びん。ぎゅうにゅうびん など。

のみおわった びんを あつめて あらう。
なかみを いれて もういちど うる。
MILK

おうちのかたへ

洗って何度も使えるコップや箸を使い、紙コップや、割り箸を使わなければ、それだけごみになるものを減らせます。ここではピクニックのようすを例にあげていますが、普段の生活でも、洗ったり、中身を詰め替えたりして、繰り返し使えるものを利用したいものです。リターナブルびんは、洗浄され繰り返し使われるびんで、ビールびんや、一升びん、牛乳びんがその代表です。きちんと返却することが大切です。電池も充電池（ニッケル水素電池）を使えば、専用の充電器で充電し繰り返し使うことができます。普通の乾電池（アルカリ電池・マンガン電池）は、破裂の恐れもあるので充電できません。

ごみを へらす くふう③
ほかの ひとの やくに たてる

じぶんには ひつようが なくなっても
まだ つかえる ものを
すててしまうのは もったいないね。
だれかに つかって もらえないかな。

じぶんでは もう いらないと
おもった ものも、ほかの ひとには
やくに たつかも しれません。
フリーマーケット《ふりーまーけっと》や バザー《ばざー》などで、
いらなくなった ものを
ひつようと おもう ひとに ゆずれば、
ごみに ならずに ものを ながく つかえます。

きなくなった ふくは、ゆずれば ほかの ひとに きてもらう ことが できる。

ほしい ものが あれば やすく かう ことが できる。
GAME

よみおわった ほんや
みなくなった DVD《でぃーぶいでぃー》は、
ゆずれば ほかの ひとも
たのしむ ことが できる。

ゆずれば
まだ つかえる ものを
ごみに しなくて すむ。

おうちのかたへ

一度使ったものを、捨てずにまた使うのが「リユース」です。不要になったものを必要な人に安くゆずるフリーマーケットは、リユースの取り組みです。売る側、買う側、双方にメリットがあり、ごみも減らすことができます。使わなくなったものを買い取り、修繕してきれいにして販売するリユースショップも増えており、インターネットオークションを利用したリユースのしくみもあります。

また、各自治体が収集した粗大ごみの中から再利用できそうな家具類などを選び出して修理、清掃し、住民に譲渡する試みもあります。

ごみを へらす くふう④
ものを たいせつに つかう

こわれた ものを なおしたり、
ひつような ときだけ かりたり
する ことも、ごみを へらす
ほうほうの ひとつだよ。

ちょっと こわれたり、よごれたりしただけで
ものを すてていては、
ごみは どんどん ふえていきます。
しゅうりを して たいせつに つかえば、
ながく つかう ことが できます。

かぐ
でんかせいひん
くつ
おもちゃ

しゅうりを すれば
また つかえる

いつも つかう ひつようが ない ものは、ひつような ときにだけ かりて つかうと もちものが ふえません。
ひとつの ものを みんなで つかえば、ものが ふえず、そのぶん ごみに なる ものを へらす ことが できます。

レンタカー《れんたかー》を かりる とき

❶ すきな じどうしゃを えらんで かりる。

❷ つかう。

❸ つかいおわったら かえす。

かりられる もの

じどうしゃの ほかにも かりられる ものが あります。

スーツケース《すーつけーす》

DVD《でぃーぶいでぃー》や CD《しーでぃー》

じてんしゃ

ほん

キャンプ《きゃんぷ》ようひん

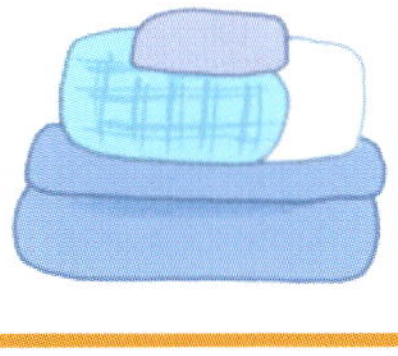

ふとん

ドレス《どれす》や きもの

おうちの かたへ

環境への負荷を減らすための活動では、3Rのほかにも、Rが頭文字のことばがキーワードになっています。壊れたものを捨てずに、修理して長く使う「リペア」、自分でものを購入せず、必要なときだけ借りて使う「レンタル」などです。レンタルには維持管理の手間がいらないという利点もあります。

最近では、「シェアリング」といって複数の人でものや場所などを共有するしくみもできています。カーシェアリングは登録会員が特定の自動車を共同使用するサービスで、比較的短時間利用するものです。どこで借りて、どこに返しても自由な、自転車のシェアリングも盛んになってきています。

ごみを へらす くふう⑤
べつの ものに して つかう

ちいさくなったり、よごれたり、
そのままでは つかえなくなった
ものも、くふうしだいで すてきに
うまれかわるよ。

すてようと おもった ものでも、
てを くわえて つくりなおす ことで
また あらたな きもちで
つかう ことが できます。
どのように
へんしんさせる ことが できるか
みてみましょう。

ふるくなった ようふく

レース《れーす》や ビーズ《びーず》などの
かざりを つけて
オリジナル《おりじなる》ティーシャツ《てぃーしゃつ》に

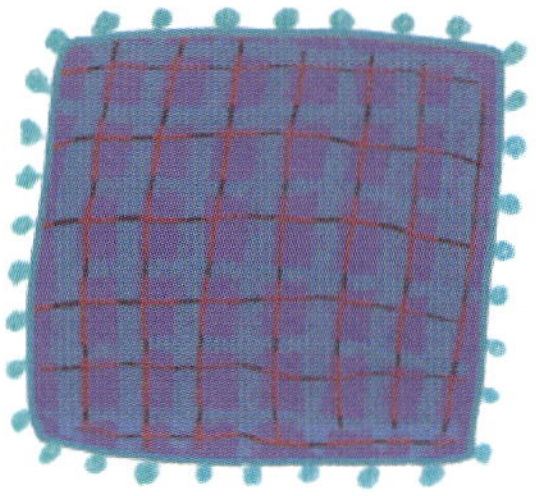

クッション《くっしょん》の
カバー《かばー》に

そでを きって
まわりを ぬって
エコバッグ《えこばっぐ》に

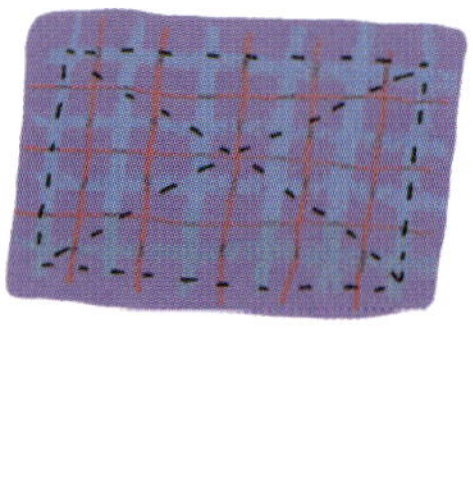

よごれていたら
ぞうきんに

つかわなくなった ランドセル《らんどせる》

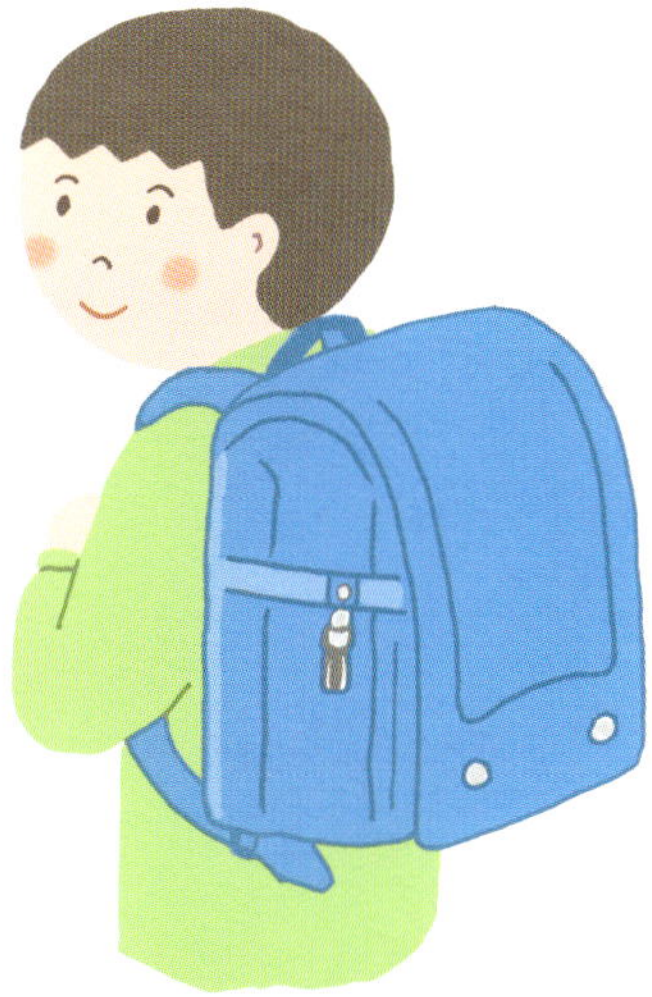

さいふ

かぎを いれる ケース《けーす》

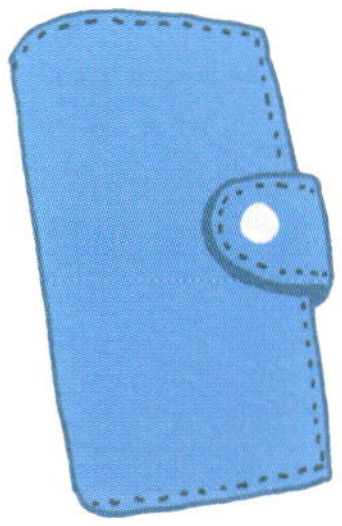

ペンケース《ぺんけーす》

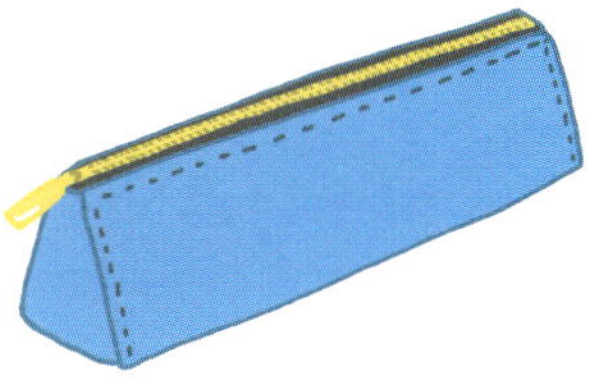

キーホルダー《きーほるだー》

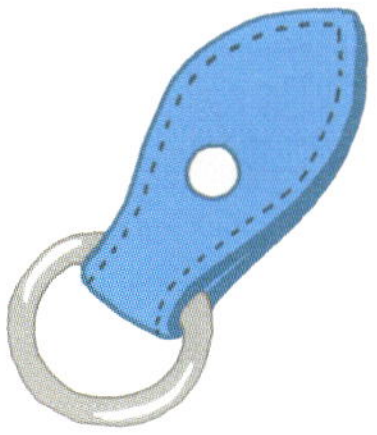

ランドセル《らんどせる》は、かわで できていて じょうぶなので ケース《けーす》や さいふに しても ながく つかいつづける ことが できる。

みせで つくりなおす

じぶんで ものを つくりなおす ことが できなくても、みせに たのめば、いろいろな アイデア《あいであ》を だして へんしんさせて くれます。

きふるした ワンピース《わんぴーす》も べつの ふくと して たのしむ ことが できる。

おうちのかたへ

ものを長く使い続けるには、手を加え作り直す「リメイク」や「リフォーム」といわれる方法もあります。リメイクは、古くなったり、飽きてしまったりしたものを別の形に作り変えることで、ここでは古着とランドセルのリメイク例を紹介しています。「リフォーム」は、壊れてしまったり老朽化したりして使いづらくなったものを部分的に改修し、もとのように使いやすい状態にすることです。新品に買い替えなくても、リメイク、リフォームすることで、新しい気持ちでものと向き合うことができます。また、長く使い続けることで、ものへの愛着もわき、より大切にする気持ちも芽生えます。

ごみを へらす くふう⑥
リ《り》サ《さ》イ《い》ク《く》ル《る》する

リ《り》サ《さ》イ《い》ク《く》ル《る》とは、もう いちど しげんに もどして つかう こと。リ《り》サ《さ》イ《い》ク《く》ル《る》すると どんな ものに なって もどって くるのかな。

つかいおわった ものの なかには、
また、しげんと して つかえる ものが あります。
でも、そのほかの ごみと
いっしょに してしまうと、
ただの ごみに なってしまいます。
リ《り》サ《さ》イ《い》ク《く》ル《る》して つかう ためには、きちんと
わける ことが たいせつです。

かみパ《ぱ》ッ《っ》ク《く》

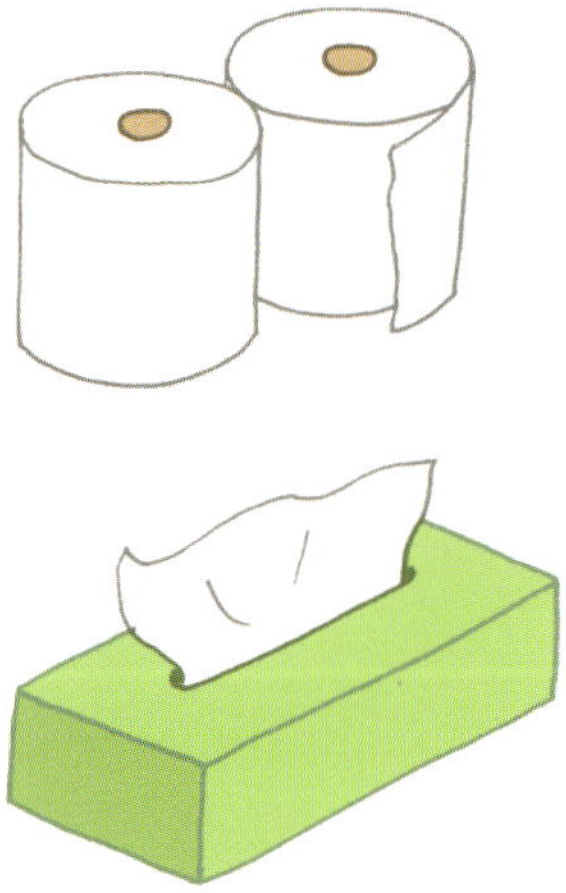

ト《と》イ《い》レ《れ》ッ《っ》ト《と》ペ《ぺ》ーパ《ぱ》ーや
テ《て》ィ《ぃ》ッ《っ》シ《し》ュ《ゅ》に

ア《あ》ル《る》ミ《み》かん

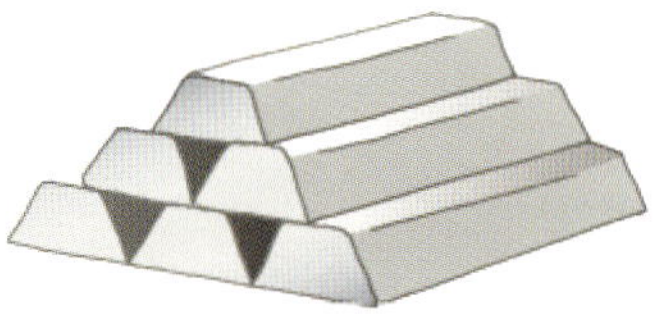

あたらしい
ア《あ》ル《る》ミ《み》かんの
もとに

ス《す》チ《ち》ール《る》かん

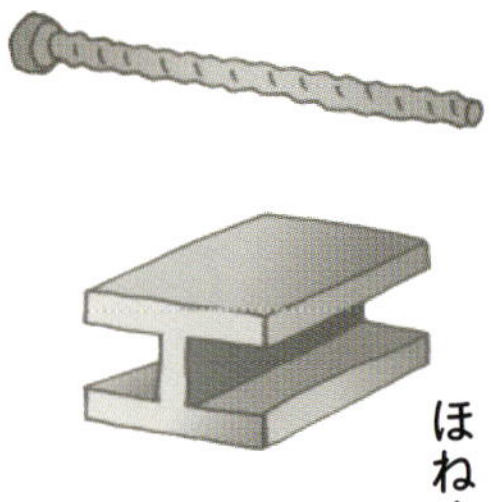

たてものの
ほねぐみに

ペ《ぺ》ッ《っ》ト《と》ボ《ぼ》ト《と》ル《る》

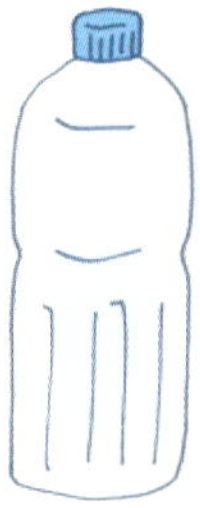

ようふくに

プラスチック《ぷらすちっく》の ようき

さくや ベンチ《べんち》に

かみ

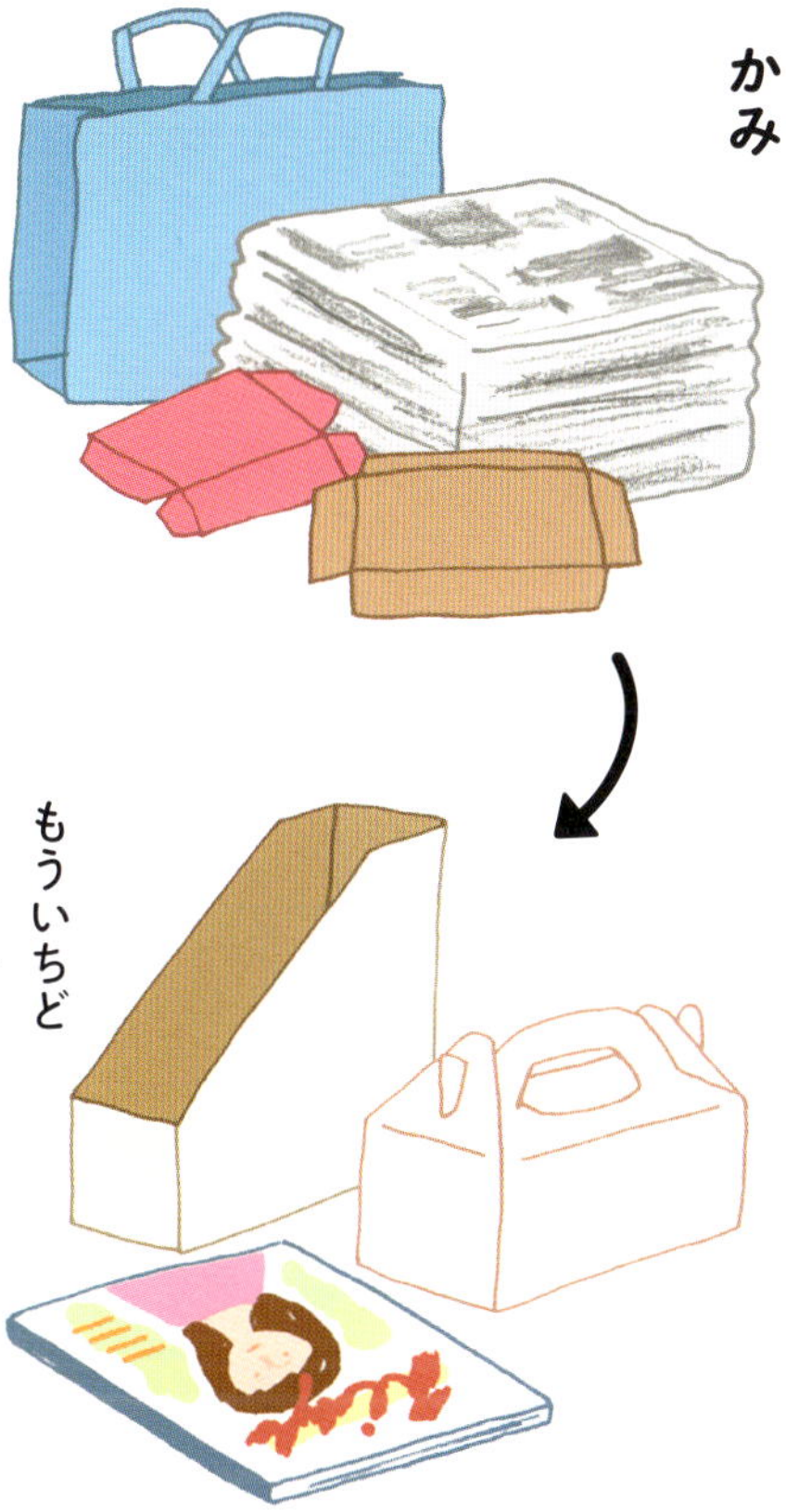

もういちど かみや ざっしに

リサイクル《りさいくる》の マーク《まーく》

リサイクル《りさいくる》できる ものには、リサイクルマーク《りさいくるまーく》が ついています。マーク《まーく》を さがして ごみを わけましょう。

紙パック
かみパック《ぱっく》

PET
ペットボトル《ぺっとぼとる》

アルミ
アルミ《あるみ》かん

プラ
プラスチック《ぷらすちっく》

スチール
スチール《すちーる》かん

紙
かみ

おうちのかたへ

一度使ったものを集め、資源の形に戻して再利用するのが「リサイクル」です。家庭では資源をごみにしないよう、しっかり分別し回収に出すことが大切です。資源ごみの回収には、自治体の回収のほかに、地域団体による集団回収もあります。

古紙を再生した製品に付けられるマークやペットボトルのリサイクル品を使用した商品に付けられるマークなど、リサイクルによって作られた製品の多くには、そのことを示すマークが付けられています。また、一定の省エネ基準をみたしたＯＡ機器に付けられるものなどもあり、環境への負荷を考慮して買い物をするときの参考になります。

みずを よごさない くらし

カレー《かれー》を たべた あとの おさらは
べったりと よごれが ついているね。
どうしたら きれいに なるかな。
どうしたら みずを よごさないかな。

いえの だいどころや せんめんじょ、
ふろばから でる よごれた みずは
かわや うみを よごす げんいんに なります。
よごれた みずを ながさないように
せいかつする ことが たいせつです。

みそしるや スープ《すーぷ》の
のこりを ながすと
みずが よごれてしまうよ。
みずを よごさない ためにも
ごはんを のこさずに たべよう。

のこさず きれいに
たべきれば、
しょっきを あらう ときに つかう
せんざいの りょうも
すくなくて すむよ。

あぶらよごれの ひどい ものは、
ふきとってから あらおう。
やさいの くずや ごはんつぶを
ながさないように きを つけよう。

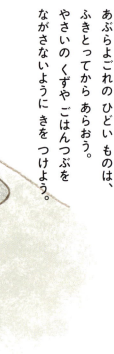

シャンプー《しゃんぷー》は
すこしだけ てに とって、
よく あわだてて つかおう。

せんたくの せんざいは、
きまった りょうだけを つかい、
つかいすぎないように するよ。

ひとの くらしと うみの せいぶつ

ひとが だした ごみが
うみへ ながれると、
ごみは かいりゅうに のって
うみを ただよいます。
そのごみを うみの せいぶつが
まちがって のみこんでしまう ことも
あります。

ひとが すてた ペットボトル《ぺっとぼとる》が
ながい あいだに
うみの なかで こまかい つぶと なり、
さかななどが のみこんで しんでしまう。

おうちのかたへ

私たちは、毎日の暮らしの中で大量の水を使い、汚水として排出しています。工場などから出る産業排水の浄化処理技術が進んだ現在では、家庭から出る生活排水、中でも、台所から出る水の汚れが川や海の汚染の大きな原因になっています。一軒が出す量は少しでも、集まれば相当な量になります。なるべく汚れた水を流さないようにする工夫が大切です。

海では、プラスチック製品が劣化し細かくなったものや、洗顔料や歯磨き粉などに含まれるマイクロビーズなど、目に見えないほど小さい「マイクロプラスチック」が大量に漂い、問題となっています。回収は難しく、対策が急がれています。

みずや でんきを たいせつに つかう

まいにち ふろや せんたくに
つかっている みず。
すこしの くふうで、 みずの むだや
つかいすぎを ふせぐ ことが できます。

このあいだ おとうさんが
「うちでは せんたくに ふろの ゆを つかっている」と
いっていたよ。 どうしてかな。

からだや あたまを
あらっている
あいだは
シャワー《しゃわー》を とめる。

トイレ《といれ》の
「だい」と「しょう」を
つかいわける。

はいった あとの
ふろの ゆは
すてずに とって おいて
せんたくに つかう。

エアコン《えあこん》の おんどを さげすぎたり あげすぎたりすると、
そのぶん たくさん でんきを つかいます。
なつは あつすぎを、 ふゆは あつぎを して、
れいぼうや だんぼうの つかいすぎを ふせぎましょう。

なつの れいぼうの おんどは 28ど、
ふゆの だんぼうの おんどは 20どを
めやすに しよう。

キャンドルナイト《きゃんどるないと》

でんきの かわりに ろうそくの
あかりで まわりを てらす
「キャンドルナイト《きゃんどるないと》」と いう
イベント《いべんと》も あります。
ふだんとは ちがった
ふんいきを
あじわう ことが できます。

おうちの かたへ

水は限りなく使えると思いがちですが、地球上で私たちが資源として使えるきれいな真水はわずかで限られています。また、生活に必要な水を得るためには浄水場での処理や、各家庭への供給などにたくさんのエネルギーを使っているため、節水をすることは、電力などのエネルギー消費の面からも環境への負荷を減らすことになります。電気をむだ遣いしないことは、火力発電所からの二酸化炭素の排出を減らし、地球温暖化を防ぐことにもつながります。

最近は多くの家電製品に省エネ性能が示された省エネルギーラベルが付いています。待機電力を抑える、照明をこまめに消すなど、日々の努力のほか、買い換えるときには省エネ性能が高い家電製品を選ぶとよいでしょう。

ごみに かんけいする ことば①

しょうひきげん

「このひまでなら あんぜんに
たべる ことが できる」と いう
めやす。なまの にくや
さかな、べんとう、ケーキ《けーき》など、
はやく くさりやすい
たべものは しょうひきげんが
きめられている。

しょうみきげん

「このひまで おいしく
たべられる」と いう めやす。
かんづめや おかし、
カップラーメン《かっぷらーめん》などに
かかれている。
しょうみきげんを すぎたら
すぐに たべられなくなるとは
かぎらない。

ようきほうそう

ものを いれたり
つつんだりする もの。
ビニール《びにーる》ぶくろや ほうそうし、
かん、びん、ペットボトル《ぺっとぼとる》など、
いろいろな しゅるいが ある。

つかいすて（しょうひん）

なんども くりかえして
つかえるように
つくられていない もの。
かみざらや わりばし、
べんとうの ようき、
かみおむつなど。
つかいおわると ごみに なる。

なまごみ

りょうりには つかわない
やさいの くずや
たべのこしなどの ごみ。
もやす ごみと して
あつめられる ことが おおい。
つちや おちばと まぜ、
びせいぶつの たすけを
かりて ひりょうに
する ことも できる。

たべのこし

りょうりに
つかわなかった
ぶぶん

しょうひきげんが
きれて
すてられた
たべもの

もやす ごみ

ごみしゅうしゅうしゃで
あつめられた あと、
せいそうこうじょうに
はこばれて しょうきゃくろで
もやされる ごみ。かみくずや
なまごみ、ぬのきれ、
よごれた プラスチック《ぷらすちっく》など。
もやした あとの はいは
さいしゅうしょぶんじょうに
うめられる。

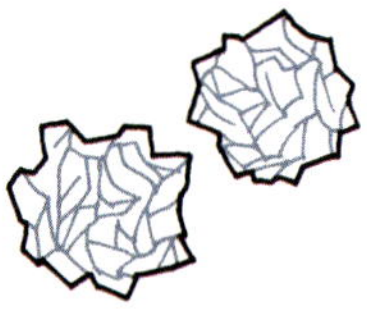
かみくず

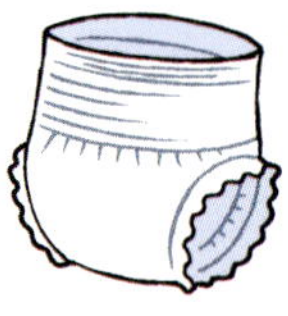
かみおむつ

ようふく

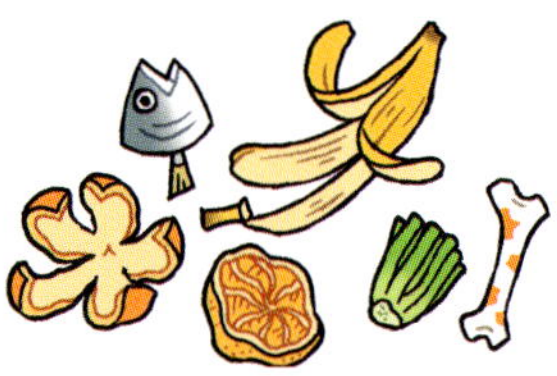
なまごみ

よごれた
プラスチック《ぷらすちっく》

ごみに かんけいする ことば②

もやさない ごみ

ガラス《がらす》や きんぞくなどの
もえにくい ごみ。きかいで
くだいて こまかくした あと、
ほかの ものを つくる
ざいりょうと して、
つかえる ものは あつめられ、
そのほかは、
さいしゅうしょぶんじょうに
うめられる。

とうじき
ガラス《がらす》で できた もの
きんぞくを おおく つかった もの
ちいさな でんかせいひん

しげんごみ

かんや びん、ペットボトル《ぺっとぼとる》や
しんぶんし、だんボール《ぼーる》など、
ざいりょうに もどした
あと、ほかの ものを つくる
ことが できる ごみ。
ほかの ごみとは べつに、
それぞれの ざいりょうごとに
あつめられる。

しんぶんし
だんボール《ぼーる》
ペットボトル《ぺっとぼとる》
スチール《すちーる》かん
アルミ《あるみ》かん

そだいごみ

たんすや つくえ、
ふとんのような おおきな ごみ。
きかいで くだいた あと、ほかの
ものを つくる ざいりょうと
して、つかえる ものは
あつめられ、そのほかは
もやしたり
おしつぶしたりした あと、
さいしゅうしょぶんじょうに
うめる。

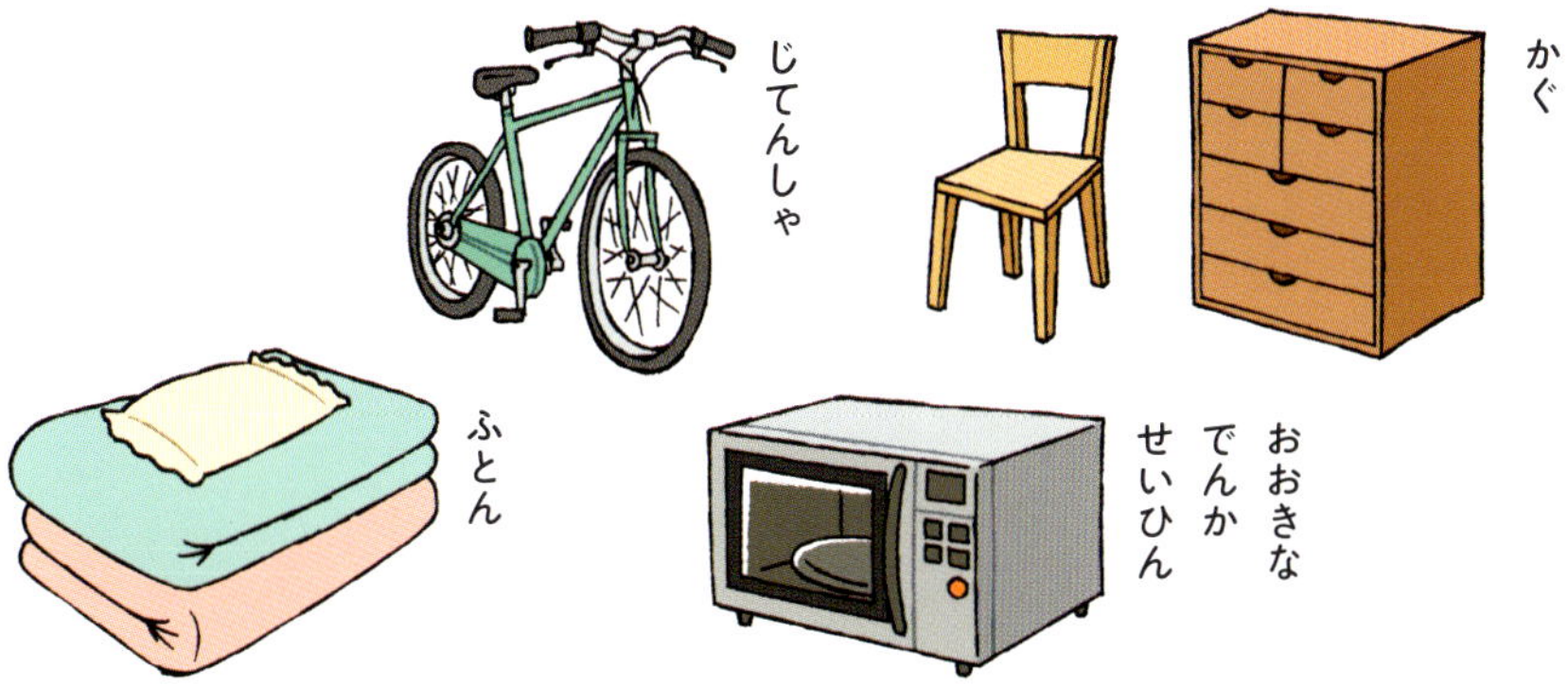
かぐ
じてんしゃ
おおきな でんか せいひん
ふとん

きけんごみ・ゆうがいごみ

スプレー《すぷれー》かんや
つかいすての ライター《らいたー》など、
もやすと ばくはつする
きけんが ある ものや、
からだに よくない ぶっしつを
ふくんでいる もの。
ほかの ごみと わけて
あつめる。

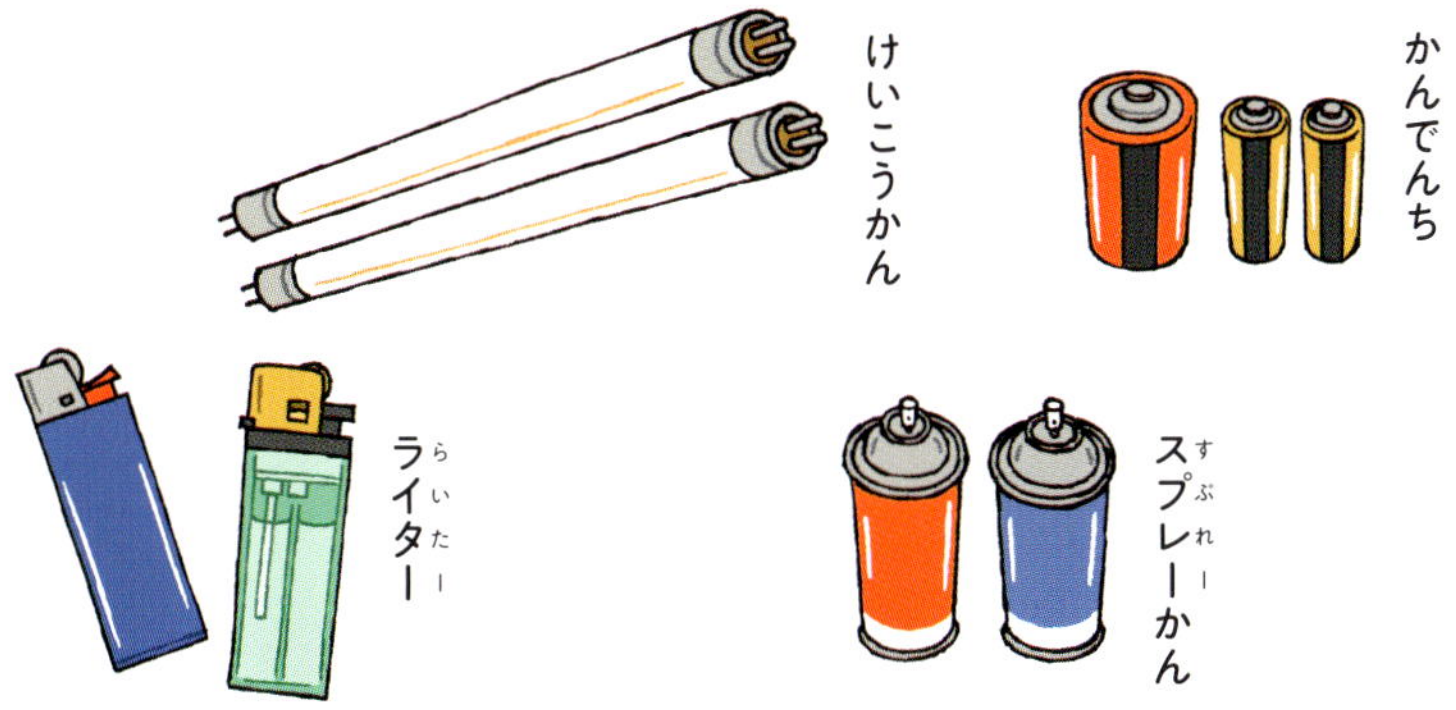
かんでんち
けいこうかん
スプレー《すぷれー》かん
ライター《らいたー》

ごみに かんけいする ことば③

いっぱんはいきぶつ

いえや がっこう、
じむしょなどから でる ごみ。
まいにちの くらしの なかで
でる、もやす ごみ、
もやさない ごみ、そだいごみ、
しげんごみ。

さいしゅうしょぶんじょう

ごみを もやした あとの はいや、くだいて
こまかく なった ごみを うめたてる ばしょ。
ごみが とびちったり、
がいの ある ものが
ながれでたりしないように
つくられていて、
「あんていがたしょうぶんじょう」、
「かんりがたしょぶんじょう」、
「しゃだんがたしょぶんじょう」の
3つの しゅるいが ある。
うめたものは なくならないので
しょうらい、ばしょが たりなくなると
しんぱいされている。

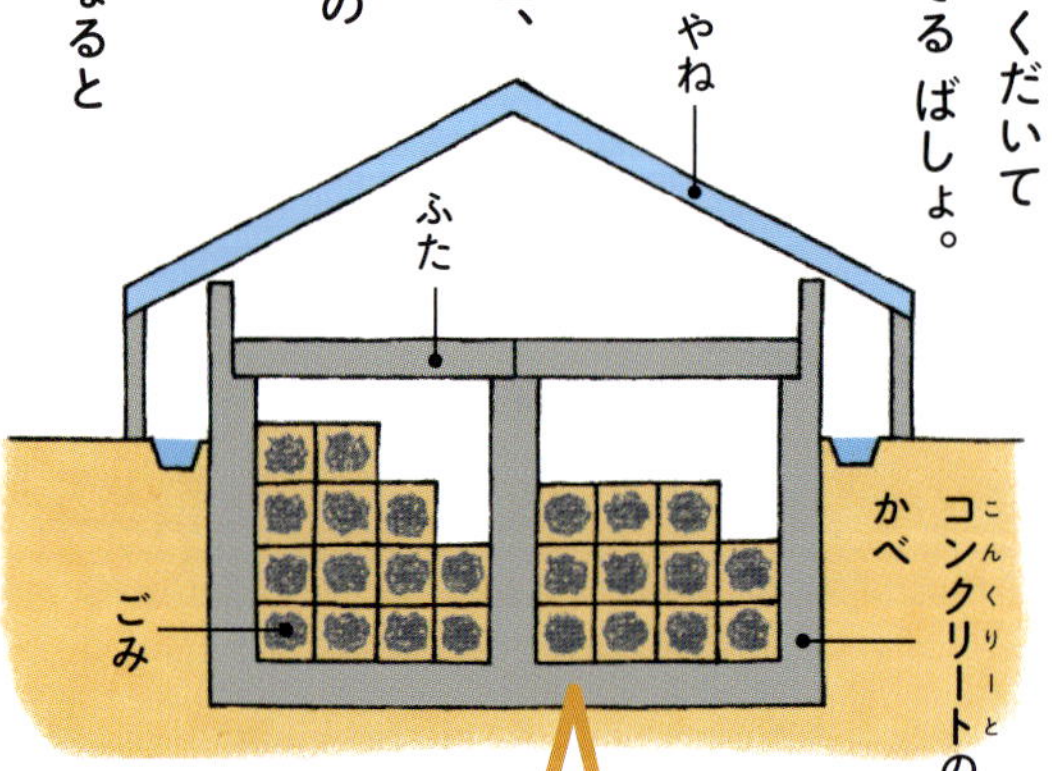
やね
ふた
ごみ
コンクリート《こんくりーと》の
かべ

しゃだんがた しょぶんじょう

さんぎょうはいきぶつの
しょぶんじょうには、
ごみが ながれないように
やねや かべで
おおわれている ものも
ある。

さんぎょうはいきぶつ

こうじょうで ものを
つくったり、かちくを そだてたり
する ときなどに でる ごみ。
つかいおわった あぶらや
くすり、どうぶつの ふんなど。
ごみを だした ところが
しょぶんする きまりに
なっている。

もえがら
きくず
つかい
おわった
あぶら

ふほうとうき

おかねや てまを
かけたくない ため、
そだいごみや
さんぎょうはいきぶつを
きまりや ほうりつを
まもらずに すてる こと。
ちいきの つちや かわを
よごす げんいんにも なる。

せいかつはいすい

だいどころや トイレ《といれ》、
ふろから ながれる
つかいおわった あとの みず。
せんざいや たべのこしが
まざっていると かわを
よごす げんいんに なる。

スリーアール《すりーあーる》（3R）

ごみを へらす ための
3つの こうどう。

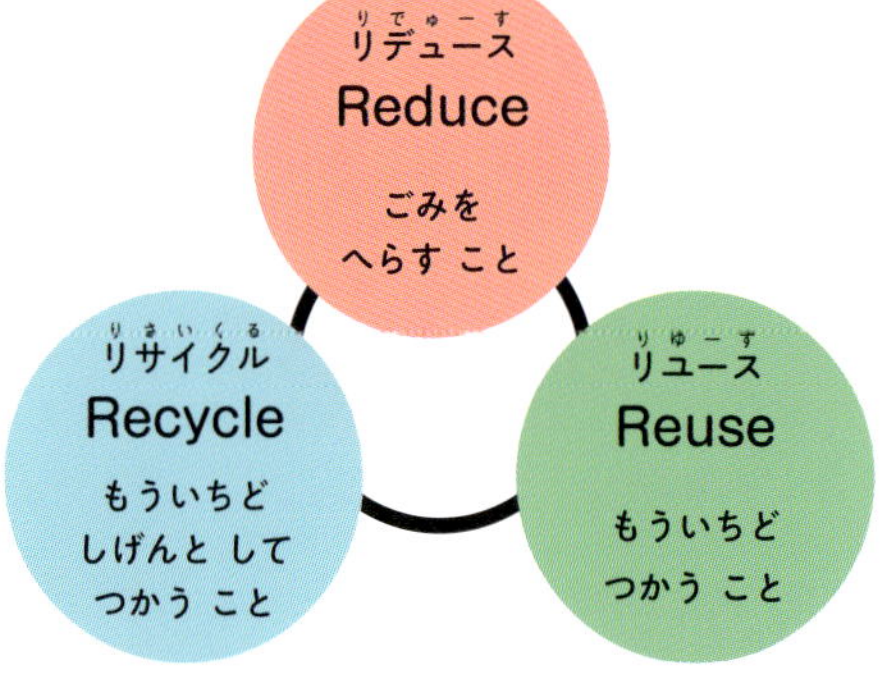
リデュース《りでゅーす》
Reduce
ごみを
へらす こと
リサイクル《りさいくる》
Recycle
もういちど
しげんと して
つかう こと
リユース《りゆーす》
Reuse
もういちど
つかう こと

ごみに かんけいする ことば④

リデュース《りでゅーす》

ごみを へらす こと。レジ《れじ》ぶくろや つかいすての ものを つかわない、ひつようなものだけを かって、ごみを ださないなど。

リサイクル《りさいくる》

しげんごみと して あつめられた ものを ざいりょうに して、もういちど つかえる ものを つくる こと。しんぶんしや かみパック《ぱっく》から トイレットペーパー《といれっとぺーぱー》を つくる ことなど。

アルミ《あるみ》かん
リサイクル《りさいくる》 されて あたらしい アルミ《あるみ》かんの ざいりょうに
あたらしい アルミ《あるみ》かん

リメイク《りめいく》

ふるくなった ふくや かばんなど、みに つける ものを べつの かたちに したりして つかう こと。

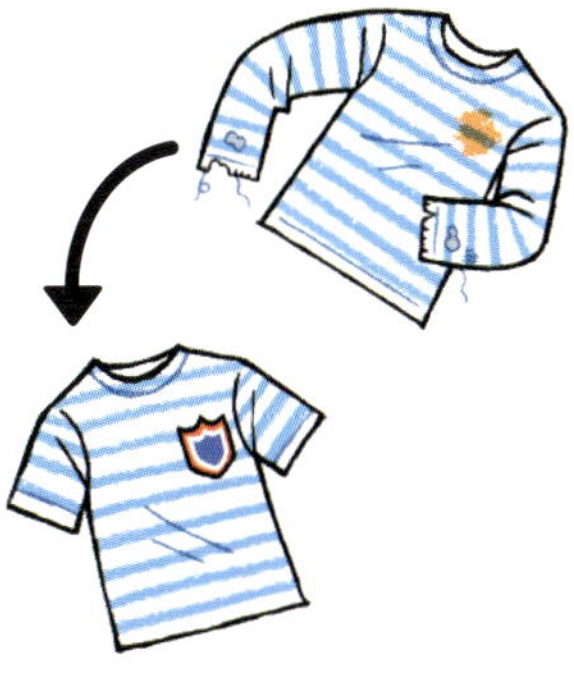

レンタル《れんたる》

ひつような ときだけ ひつようなものを、おかねを はらって、そのあいだだけ かりる こと。つかいおわったら みせや もちぬしに かえす。

DVD

リユース《りゆーす》

ものを すてずに くりかえして つかう こと。ぎゅうにゅうの びんを こうじょうに もどして くりかえし つかう ことや、じぶんが つかわなくなった ものを、ほかの ひとに ゆずって つかってもらう ことなど。

リペア《りぺあ》

ものを ていれしながら ていねいに つかったり、いちど こわれてしまっても すてずに しゅうりしたりして、できるだけ ながい あいだ つかう こと。こわれた ものを すてずに つかう ことで ごみを へらし、しげんを まもる ことが できる。

リフォーム《りふぉーむ》

こわれた ものを、もとの きれいな かたちに もどしたり、ふるくなって つかいにくくなった ものを、つかいやすく なおしたりする こと。

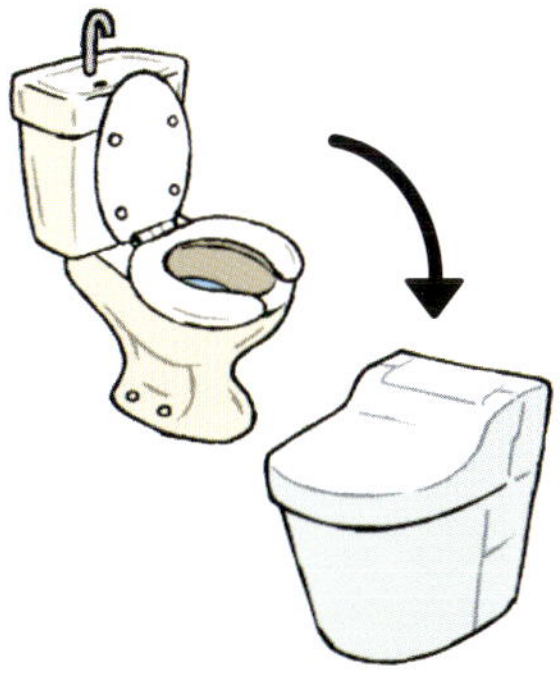

じゅんかんがたしゃかい

かぎられた しげんを ながく つかいつづける ために、いまある しげんを たいせつに つかっていこうと いう かんがえかた。ごみに なる ものを へらす（リデュース《りでゅーす》）、ものを くりかえし つかう（リユース《りゆーす》）、ごみに なるものを もういちど りようする（リサイクル《りさいくる》）と いう とりくみなど。

やって
みよう

いえの なかを そうじしよう

あかるくて きれいな へやの なかで きもちよく くらそう。

**そうじを すると、
へやが きれいに なるだけで なく
エネルギー《えねるぎー》の つかいすぎを
ふせぐ ことも できるよ。**

エアコン《えあこん》を そうじする

たまっている ほこりを とると、
エアコン《えあこん》が よく きいて、
つかいすぎないで すむよ。

まどを ふく

まどを みがけば
でんきを つけなくても
へやの なかが あかるくなるよ。

しょうめいの カバー《かばー》を ふく

カバー《かばー》の よごれを ふきとると、
しょうめいが あかるくなるよ。

ぞうきんがけを する

ゆかを ぞうきんで ふいて
よごれを とろう。

そうじきを かける

よく ごみを すうように、
なかの ごみは
ためすぎないように しよう。

6 ちきゅうを たいせつに する くらし

きんじょの はたけを かりて
そだてた やさいを
しゅうかくしたよ。
いえで でた なまごみから
ひりょうを つくって
そだてたら、
しんせんな やさいが
たくさん とれたよ。
おいしく できていると いいな。

なくなって しまう しぜん

いえを たてる ときには
たくさんの きを つかうね。
きを きりすぎて しまったら
どうなるんだろう。

ものを つくる ために どんどん きを きると、
きが へって やがて もりが なくなって しまいます。
もりが なくなると じめんが かわいて しまい、
ほかの しょくぶつも そだちにくく なります。

もりを ていれする

もりの しょくぶつが
すくすくと そだつ ためには
もりの なかにも ひかりが
さしこむ ことが ひつようです。
そのため、そだちすぎた えだや
せいちょうの わるい きを きるなど、
ひあたりが よくなるように ひとが
ていれしなくては いけません。
また、きを きった あとには
かわりに あたらしい きを うえる
ことも ひつようです。

ある さかなを とりすぎると、かずが へってしまうだけでなく、おとなに なって たまごを うむ さかなが へってしまうので、そのさかなは さらに へって いきます。

まきあみぎょほう

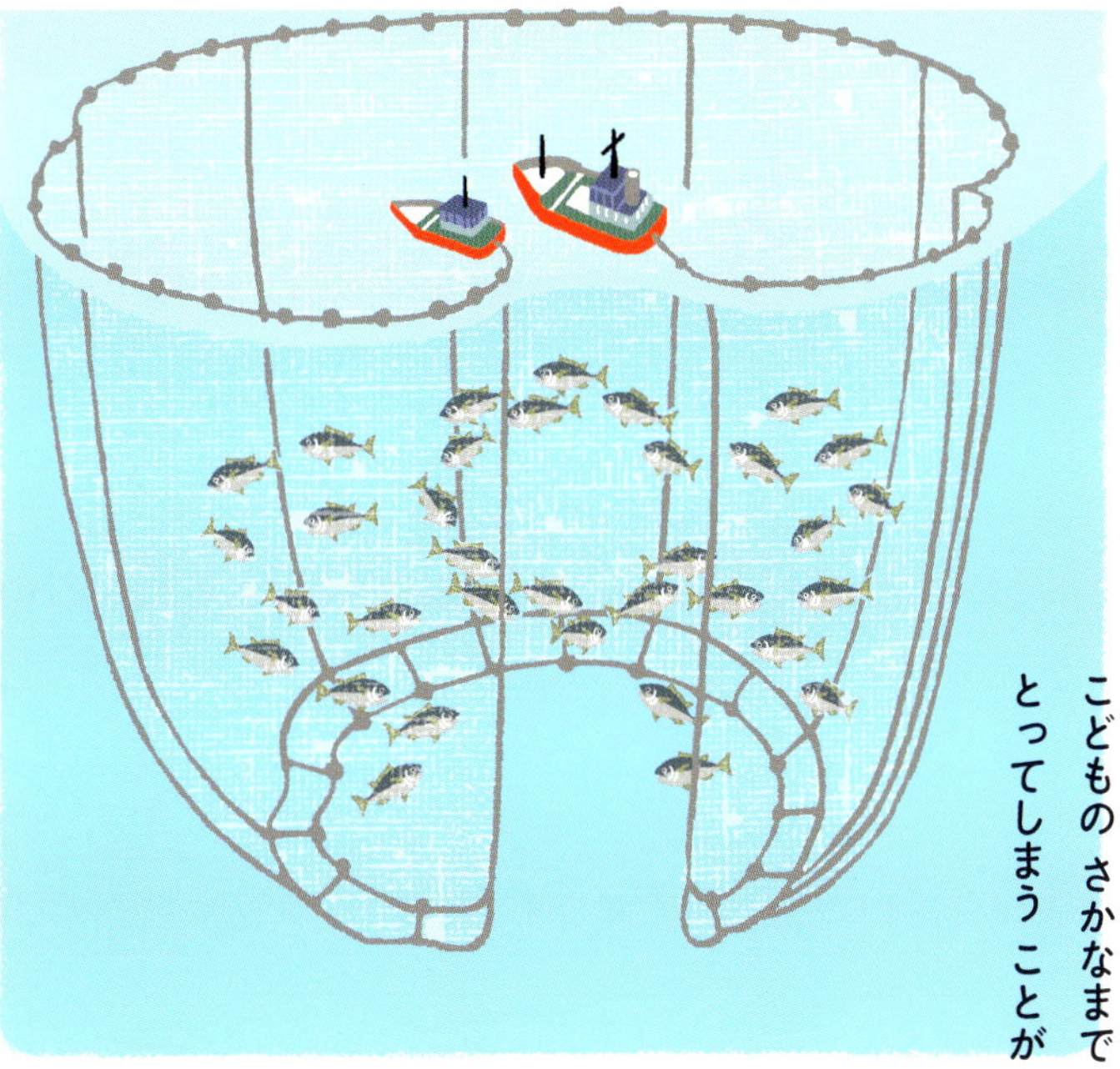

さかなの むれを かこんで いちどに たくさん つかまえるので、こどもの さかなまで とってしまう ことが ある。

そこびきあみぎょほう

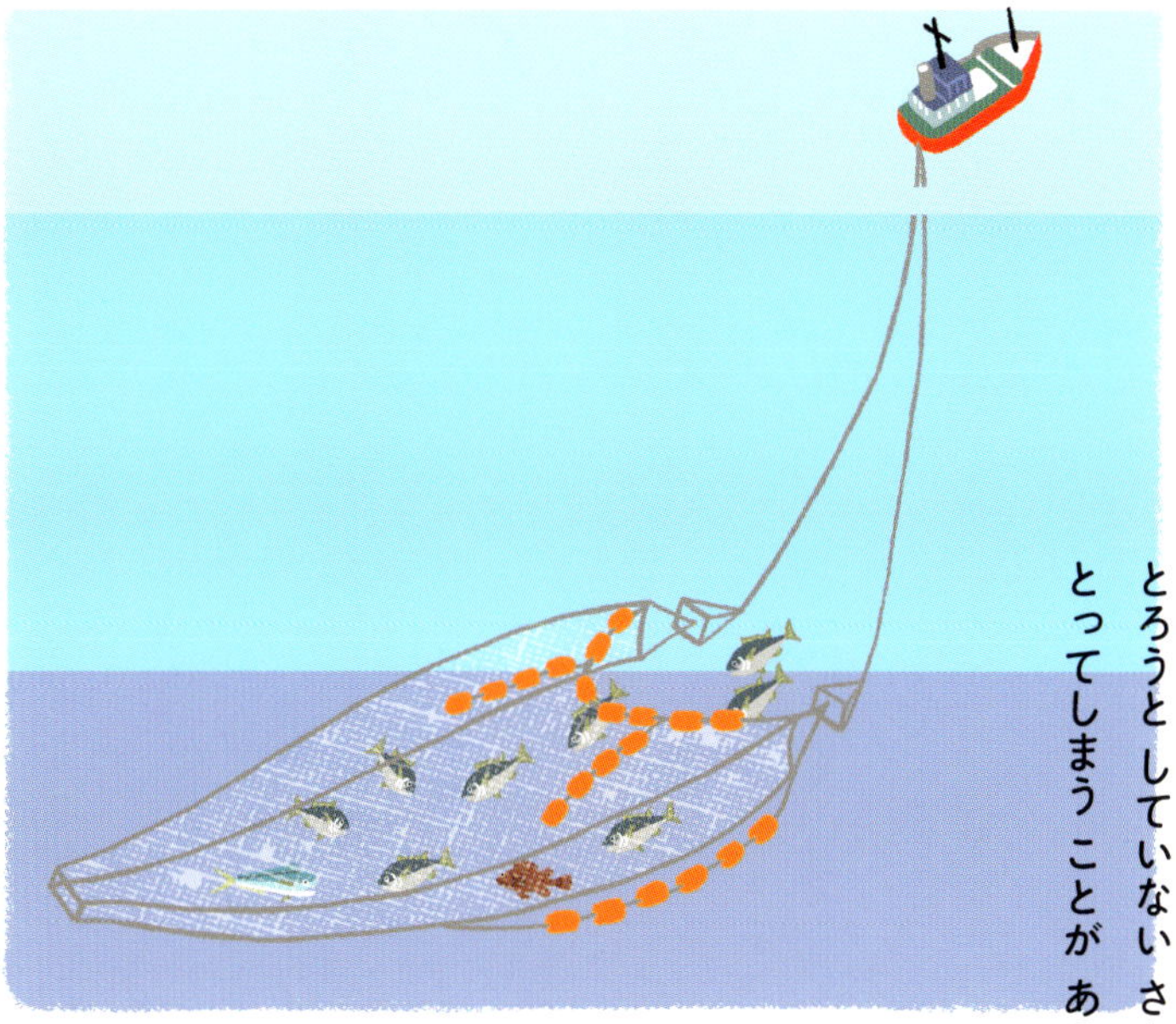

うみの そこに あみを しずめて さかなを とるので、とろうと して いない さかなまで とってしまう ことが ある。

さかなを とる じきや りょうを きめたり、ちいさい さかなが あみから にげられるように くふうしたり すれば、うみの しぜんを まもる ことが できます。

おうちの かたへ

日本は、国土の約67パーセントが森林ですが、木材の自給率は約20パーセントと低く、紙を作るパルプの原料や建材の多くは輸入材です。木材輸出国の中には、過剰な伐採によって土壌流出や砂漠化、生態系の破壊が進んでいる国があります。いっぽうで、日本では、国産材の価格が下がり、採算が合わなくなったため放置されたスギやヒノキの人工林が荒廃しています。

海に囲まれている日本は、豊かな水産資源を享受してきました。ところが現在では、マグロやウナギをはじめ多くの漁獲対象魚が、日本近海だけでなく世界的に減少しつつあり、漁獲量の規制など、資源を保護するための対策が必要とされています。

自然の再生には長い歳月を要します。一度失われた森林や水産資源を回復するのは容易なことではありません。

いきものの すみかが なくなってゆく

もりは たくさんの いきものの すみかです。
けれども どうろを つくったり
おおきな たてものを たてたりする ために
もりが きりひらかれると、
どうぶつたちは すみかを うしないます。
ひとざとへ おりていき、
はたけの さくもつを たべて
くらす どうぶつも います。

さとやまを まもる（↓142ページ） ことで
やせいの どうぶつと にんげんが
たがいに めいわくを
かけずに すみ、くらしやすく なります。

ひとざとに おりてきた
どうぶつに
はたけを あらされて
のうさくもつが
だめに なる ことも ある。

おばあちゃんが ちかくの
はたけで いのししを
みかけたと いっていたよ。
ひとの ちかくに すんでいるんだね。

うみの ひがたは
いろいろな かいや
ちいさな いきものの
すみかに なっています。
また、それを たべる いきものも
あつまってきます。
うめたてなどに よって
それらの すみかが うばわれないように
ほごする ことが たいせつです。

にほんに もちこまれた いきもの

がいこくから にほんに もちこまれた
どうぶつや しょくぶつが ふえすぎると、
もともと にほんに いる どうぶつや
しょくぶつが へってしまいます。
かずが ふえないように
みまもる ひつようが あります。

おおはんごんそう
ふいり マングース《まんぐーす》
あらいぐま

おうちのかたへ

自然生態系は日光や水、土壌、そしてさまざまな動植物が複雑に関係し合って成立しています。例えば、森の動物の食料となる木の実をつける広葉樹林が針葉樹の人工林に置き換えられると、動物たちは生きるために人里に出てきて農作物を食べるようになります。また、水域と陸域の境界である干潟（遠浅の海辺）や

湿地は、多様な生物を育む「生命のゆりかご」ともいわれ、渡り鳥の中継地にもなっていますが、日本では干潟や湿地の埋め立てによる都市開発が進み、生き物のすみかが失われています。さらには外来種の動植物の増加によって在来種が駆逐され、生態系に重大な影響を及ぼすことも大きな問題となっています。

かぎりある しげん

わたしたちの みのまわりに
あるものは すべて しぜんから
とりだした「しげん」を
つかって つくられているよ。

しげんの なかには、
せきゆや せきたん、こうせきのように
りょうに かぎりの ある ものが あります。

せきゆや せきたんは、
おおむかしに ちきゅうじょうに いた
どうぶつたちの しがいが つちの なかで
ながい じかんを かけて
へんかして できた ものです。
あたらしく つくれないので、
とりつづけると
いつか なくなってしまいます。

ちかや うみの そこに
たまっている せきゆは
ポンプ《ぽんぷ》で くみあげる。
せきゆは、
プラスチック《ぷらすちっく》せいひんなどの
もとに なる（↓77ページ）。
せきゆ

ものを たいせつに つかえば、
ものを あたらしく つくる ときに
つかう しげんの りょうを
へらす ことが できます。

レアメタル《れあめたる》

スマートフォン《すまーとふぉん》や パソコン《ぱそこん》の ぶひんに
つかわれている きんぞくの なかには
「レアメタル《れあめたる》」と いって、
とれる りょうが すくなくて
きちょうな ものが あります。
そこで、いらなくなった ものを
あつめて もういちど
レアメタル《れあめたる》を とりだす
リサイクル《りさいくる》が
おこなわれています。

こうせき
こうせきを とりだす ために おおきな あなを ほる。こうせきは、きんぞくせいひんの もとに なる（➡76ページ）。
せきたん
せきたんを とりだす ために あなを ほる。せきたんは、でんきを つくる エネルギー《えねるぎー》などの もとに なる。

おうちの かたへ

水資源や森林資源、水産資源などは、過剰な利用を控えて適切に管理することで、継続的に利用することができます。しかし同じ天然資源でも化石燃料、鉱物資源には限りがあります。石炭や石油、天然ガスなどの化石燃料は、太古の動植物の死骸が何億年もかかって地中で変化したものなので、再生は現実的に不可能です。採掘可能年数は2014年時点で、石炭はあと100年余り、石油と天然ガスは50年余りと推測されていますが、主に新興国の人口増加や産業発展によって需要が増加しています。レアメタル（➡147ページ）や金などは、廃棄された工業製品から取り出して再利用する試みが「都市鉱山」として注目されています。

ちきゅうおんだんかと しぜんの へんか

ちきゅうぜんたいの きおんが あがる ことを 「ちきゅうおんだんか」と いうよ。

ものを もやすと にさんかたんそが でます。
ひとは エネルギー《えねるぎー》を える ために、いろいろな ところで ものを もやして います。
くうきの なかの にさんかたんそが ふえて いくと、 ちきゅうの きおんが たかく なると いわれて います。

ちきゅうが おんだんかすると、さまざまな えいきょうが ある。

じどうしゃや ひこうきで ひとや ものを はこんだり、こうじょうで ものを つくったり する ときに エネルギー《えねるぎー》を つかって いる。

おおあめや おおゆきが ふったり、はげしい たつまきが おきたり する。

さむい ところや
なんきょくの こおりが とけて、
うみの みずが ふえる。

にほんでも
せいぶつの すみかが
かわってきている。

ながい あいだ
あめが ふらない。

**ちきゅうおんだんかを
ふせぐ ために、
にさんかたんその りょうを
へらしていく
ひつようが あります。**

おうちのかたへ

20世紀半ば以降、地球の平均気温は上昇しています。主な原因は、化石燃料の使用で大気中に排出される二酸化炭素などの急増だと考えられています。地球を取り囲む二酸化炭素などの温室効果ガスは、適度に地球を暖める役割を果たしますが、増え過ぎると地表から放出される熱（赤外線）が宇宙空間へ放出されることを妨げ、大気中に熱がこもります。これが地球温暖化を招き、

異常気象や氷河の融解による海面上昇、生態系の変化などを引き起こします。

１９９７年、先進国に温室効果ガスの削減義務を課す国際条約「京都議定書」が採択されたものの削減目標の達成は難しく、２０１５年には途上国にも削減努力を求める「パリ協定」が採択されました（↓154ページ）。

しぜんエネルギー《えねるぎー》をつかう

かぎりある しげんを まもり、ちきゅうおんだんかを ふせぐ ために しぜんの ちからを りようしていく ひつようが あるよ。

エネルギー《えねるぎー》を うみだす ほうほうは、おおきく わけて ふたつ あります。ひとつは、せきゆや せきたんなどの「かせきねんりょう」を もやす ほうほうです。もうひとつは、しぜんの ちからの かたちを かえて エネルギー《えねるぎー》にする「しぜんエネルギー《えねるぎー》」です。

かせきねんりょうの かわりに しぜんエネルギー《えねるぎー》を つかうと、にさんかたんその りょうを へらす ことが できます。

バイオマスエネルギー《ばいおますえねるぎー》

なまごみや こうじょうから でた ごみ、かちくの ふんや にょうなどを もやせるような かたちに かえて、はつでんなどに りようする。

たいようこうはつでん

たいようの ひかりを でんきに かえる。

おうちのかたへ

使うとなくなってしまい、量に限りのある化石燃料とは異なり、太陽光や水、風の力、地熱などを利用した自然エネルギーは、繰り返し利用できることから「再生可能エネルギー」とも呼ばれます。太陽電池を使って電気を作る太陽光発電、風車の動力を利用する風力発電、生ごみや木くずなどを燃料にするバイオマスエネルギー、海流や波の上下運動を利用する波力発電のほか、

地熱発電や大きなダムを使わないマイクロ水力発電などがあります。一度に大量の電気を作ることが難しく、天候に左右されることもありますが、エネルギー自給率の向上、化石燃料の枯渇や地球温暖化問題、原子力発電の安全性への懸念などを背景に、日本では2012年から再生可能エネルギーによる電気の固定価格買取制度を実施して、普及を図っています。

すいりょくはつでん
みずが たかい ところから
ひくい ところへ
ながれる ときの ちからを
でんきに かえる。
ちねつはつでん
じめんの なかに たまった
あつい みずから
ふきだす じょうきを
でんきに かえる。
ふうりょくはつでん
かぜの ちからを
でんきに かえる。
マイクロ《まいくろ》
すいりょくはつでん
かわや たんぼの すいろを ながれる
みずの ちからを でんきに かえる。
はりょくはつでん
なみの うごきを
でんきに かえる。

ちかくで とれた たべものを たべる

いちばでは ちかくの はたけで
とれた しんせんな やさいや、
くだものを うっているよ。
なにを かおうかな。

とおくの ばしょや がいこくで とれた
やさいや たべものは、
はこばれてくるまでに たくさんの
エネルギー《えねるぎー》を つかっています。
いえの ちかくで とれた
やさいや くだものを かって
たべるように すると、
そのぶん エネルギー《えねるぎー》を
つかわずに すみます。

きんじょで つくられた ものを
きんじょの ひとたちと
わかちあう ことで、
かんきょうに ふたんを かけない
くらしが できます。

ちかくの はたけで
とれた ものを
つかって てづくりした
ジャム《じゃむ》や
ジュース《じゅーす》などを
うっている みせ。

ちかくの ぼくじょうで
とれた ぎゅうにゅうを
つかった
ソフトクリーム《そふとくりーむ》を
うっている みせ。

ちかくで とれた
やさいや くだものから
つくった たべものを
あじわう ことが できる。

おうちのかたへ

地元で生産された農林水産物を地元で消費することを、「地産地消」といいます。地産地消は生産と消費の場が近いぶん、新鮮で栄養豊かな旬の食材を入手でき、地域で資源やお金を循環させるという経済効果によって地域の活性化も期待できます。遠方からの輸送で環境負荷となるフードマイレージ（↓87ページ）

を下げ、食料自給率の向上にも貢献します。近年増えた農家の直売所（ファーマーズマーケット）などは、生産者をより身近に感じられるので食品に対する安心感が得られ、食物や地域への愛着もわきます。地域特有の食材を使った農産加工品や伝統料理も継承していきたいものです。

つくった やさいや くだものを、ちかくに くらす ひとに うる のうか。

かう ひとは、どんな ひとが つくっているのかを しる ことが できる。

やさいや しょくぶつを そだてる

いえの にわで ミニトマト《みにとまと》を そだてたら おいしい みが なったよ。
つぎは なにを そだてようかな。

いえの まわりで やさいや しょくぶつを そだててみましょう。はは なつの あいだ ひよけにも なって、れいぼうの つかいすぎを ふせぐ ことが できます。

いえで でた なまごみから ひりょうを つくって、やくだてる ことも できます。

こめを とぐ ときに でる とぎじるを すてずに しょくぶつに やると、ようぶんに なる。

しょくぶつが はから すいぶんを じょうはつさせる ときに、まわりの ねつを うばうので すずしい くうきが うまれる。

おうちのかたへ

自宅の庭やベランダでの家庭菜園、近所の市民農園などで野菜や果物を育てることは、新鮮で安全な食物を得られるだけでなく、植物の成長を観察して自然の変化に気づくことが子どもの情操を養います。害虫との戦いも貴重な体験です。生ごみや落ち葉を発酵させて堆肥にするコンポストで有機肥料作りに挑戦するのもよいでしょう。

また、夏場に学校や家の窓際にゴーヤやヘチマなどのつる植物を這わせて作る「グリーンカーテン（壁面緑化）」は、日陰を作り、葉から水分が蒸発する際に周囲の熱を奪って気温を下げる効果があります。

やさいを つくる ばしょを かりて、
そだてる ことも できます。
やさいを そだててみると
やさいの なりかたを しったり、
じぶんで つくった ものを たべる
よろこびを あじわう ことが できます。

さとやまを まもる

ひとが これからも
しぜんの ちからを かりて
いきていく ための ヒント《ひんと》が、
さとやまの くらしに あるんだって。

にほんには
しぜんの めぐみに
ふれあって せいかつできる
「さとやま」と いう
ばしょが あります。
さとやまには
いろいろな いきものが
すんでいます。
ひとと ほかの いきものが
たがいの いばしょを
まもりながら
くらしていける
かんきょうを
つくっていく ことが
たいせつです。

ぞうきばやしの
くさを かちくの
ひりょうに する。
ぞうきばやしの きを
ねんりょうや いえの
ざいりょうに する。
ぞうきばやしで とった
きのこや きのみを
たべる。

おうちのかたへ

里山は、主に農山村の集落に隣接し、人の手によって管理されてきた森や林のことです。周辺の田畑や小川、草原なども含めて多様な生物を育み、独自の生態系を形成しています。里山は、日本で古くから自然資源を持続的に入手する場所として機能してきました。落ち葉や草は肥料に、クヌギやコナラなど雑木林の木は燃料や炭の原料、シイタケ栽培の原木になります。

適度に伐採されることで、内部の日当たりがよくなり、新しい木の芽や下草が育っていき、生態系がうまく維持されてきました。

しかし現在、里山の資源利用は減り、都市開発や農林業の衰退などもあって里山の劣化が進んでいます。自然のめぐみを持続的に利用する里山の知恵は、これからも継承していきたいものです。

ぞうきばやしの くさかりや おちばひろいを する。
きのこや きのみを とる。
ぞうきばやしの きを きって ひあたりを よく する。
はたけに さくを つくって、やせいの どうぶつに はたけを あらされるのを ふせぐ。
たはたで さくもつを そだてる。
ぞうきばやしの おちばから ひりょうを つくって さくもつを そだてる。
ぞうきばやしに ひとの やくに たって やせいの どうぶつの えさにも なる きを うえる。

しぜんはかいに かんけいする ことば

しんりんはかい

はたけを きりひらいたり
もくざいを りようしたりする
ために、きを きりすぎて
もりが なくなってしまう こと。
どうぶつが すみかを
なくしたり、
どしゃくずれが
おきやすくなったり
する。

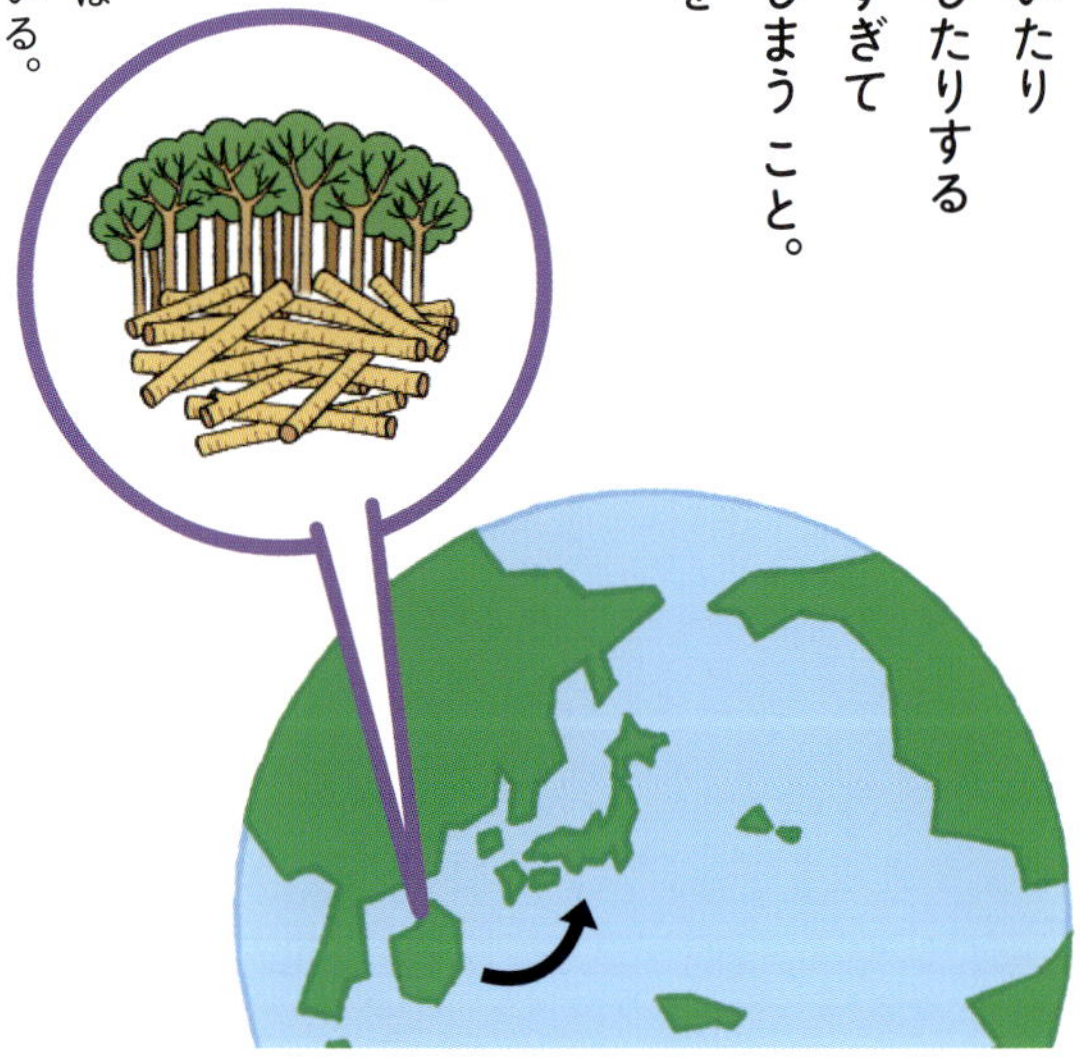

きを ほかの くにに
うっている くにでは
しんりんが へっている。

さばくか

もともと くさや きが
はえていた とちが、
しょくぶつが そだたない
かわいた あれちに
なってしまう こと。
しんりんはかいなどが
げんいんで おこる。

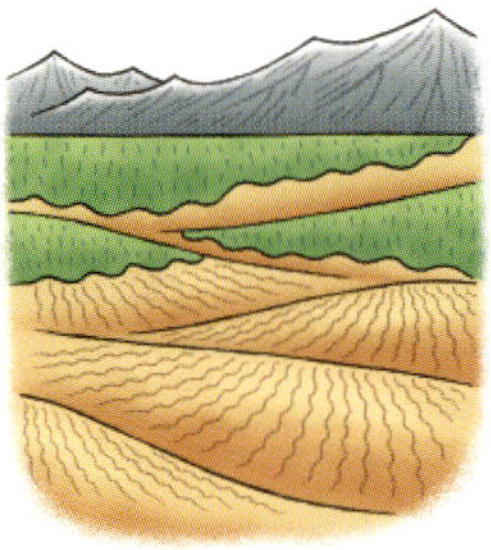

ぜつめつきぐしゅ

ちきゅうじょうから
いなくなってしまうと
しんぱいされている いきもの。
にんげんが とりすぎたり、
すみかに なっている
ばしょを なくしたりした
ことなどが げんいん。

あおうみがめ

いりおもて
やまねこ

らんかく

いきものを とりすぎて、
かずが すくなくなってしまう こと。
ある いきものの かずが
へると、それを えさと していた
いきものが へり、
えさに されていた
いきものが ふえて、
せいたいけい(↓64ページ)が
くずれてしまう。
らんかくを ふせぐ ために、
いきものを とる じきや りょうを
せいげんする きまりも ある。

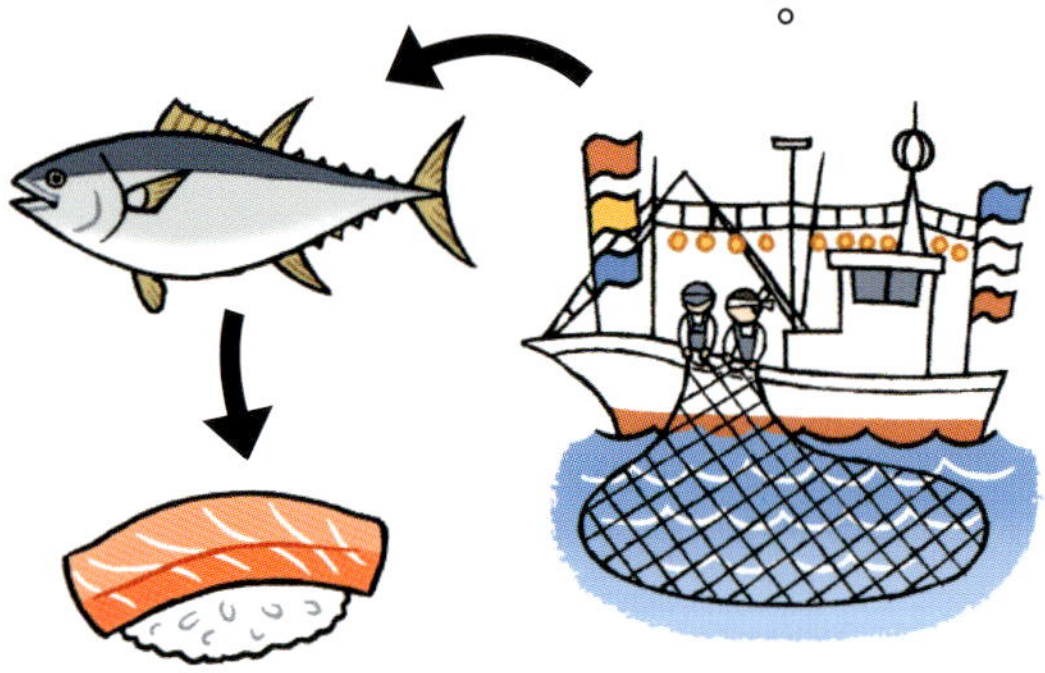

まぐろは、らんかくが もんだいに
なっている さかなの ひとつ。

どじょうりゅうしゅつ

じめんの ひょうめんの、
やわらかくて
ようぶんの ある つちが
あめや かぜに よって
とりのぞかれてしまう こと。
しょくぶつが
そだちにくくなる。

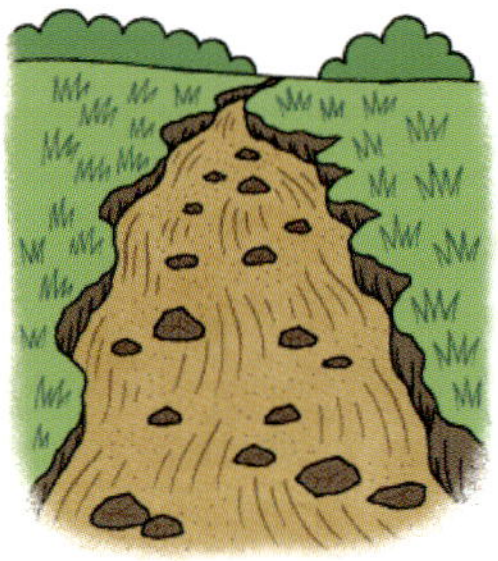

がいらいしゅ

もともと にほんには
いなかった いきもので、
がいこくから もちこまれた
いきもの。
がいらいしゅが ふえると、
せいたいけい(↓64ページ)が
くずれる きけんが ある。

おおくちバス《ばす》

おおきんけいぎく

ちきゅうおんだんかに かんけいする ことば

ちきゅうおんだんか

ちきゅうが だんだん あたたかく なる こと。ものを もやすと でる にさんかたんそなどが、くうきの なかに ふえている ことが げんいんと いわれている。ちきゅうおんだんかが すすむと さまざまな もんだいが おこる。

にさんかたんそは ものを つくったり、はこんだりする ときに でる。
おんしつこうかガス《がす》
にさんかたんそなど、ちきゅう おんだんかの げんいんと なる ガス《がす》。

ちきゅうおんだんかの えいきょうで きせつに よる てんきの へんかが、それまでの ようすとは かわってしまう ことを、「きこうへんどう」と いう。

いじょうきしょう

これまでに なかったような はげしい てんきの ようすに なる こと。つよい たいふうが きたり、なつに きおんが すごく たかくなったりする こと。

ものすごい はやさの かぜが うずまく たつまきは たてものや ひとを ふきとばす。

かいめんじょうしょう

ちきゅうおんだんかに よって なんきょくや さむい ばしょの こおりが とけて うみに ながれこみ、かいめんが あがる こと。

かんばつ

あめが ふらない あつい ひが ながい あいだ つづいて、じめんの みずが なくなり、かわいてしまう こと。のうさくもつが かれて、たべものが たりなくなる ことが ある。

きょうとぎていしょ

ちきゅうおんだんかの げんいんと いわれている にさんかたんそが ふえすぎないように、せかいの くにぐにで きょうりょくする ことを きめた やくそく。

ていたんそしゃかい

にさんかたんそを だす げんいんと なる でんきや ガソリン《がそりん》を つかう りょうを へらし、ちきゅうおんだんかが すすまないように みんなで きょうりょく しようと いう かんがえ。

しぜんエネルギー《えねるぎー》を つかう ことも とりくみの ひとつ。

かんきょうもんだいに かんけいする ことば

たいりょうせいさん たいりょうしょうひ

たいりょうせいさんは、こうじょうで きかいを つかって みじかい じかんで おなじ せいひんを たくさん つくる こと。このような せいひんは やすいが こわれやすく、つぎつぎと かいかえる ことに なる。これを たいりょうしょうひと いう。

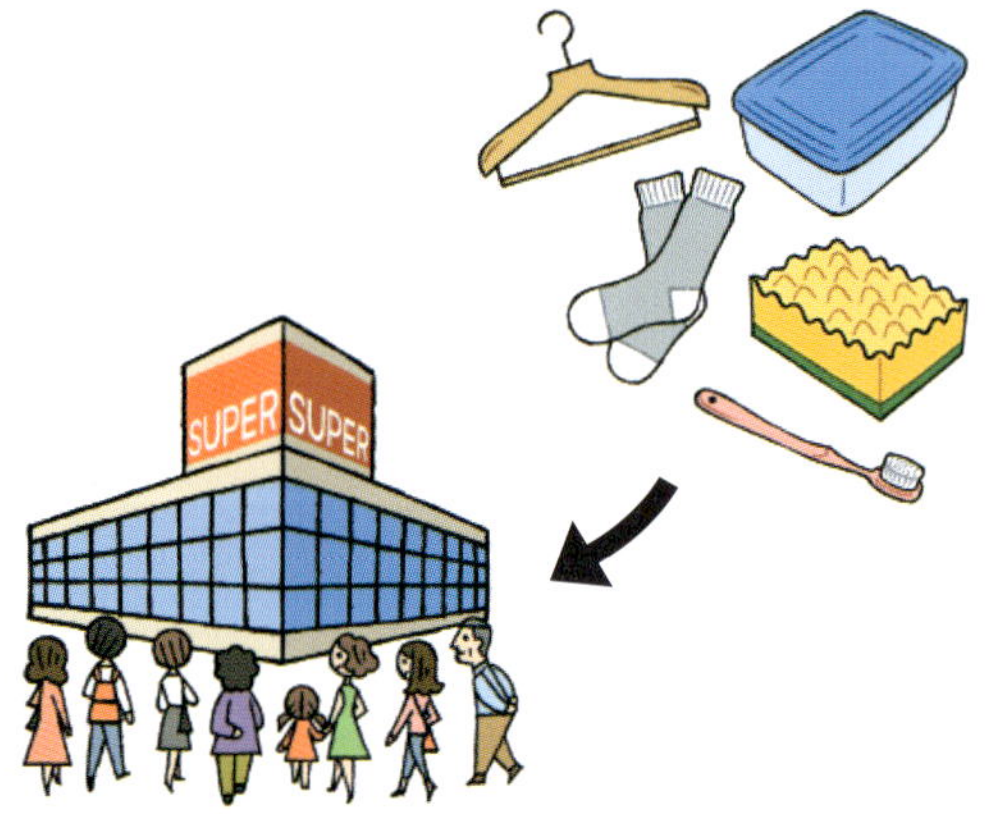

こうじょうで たくさん つくられた ものが、おみせで やすく うられる。

さんぎょうかくめい

18せいきに、イギリス《いぎりす》で せきたんを もやした ときに でる ねつを つかって じょうきで うごく きかいが はつめいされた こと。それまで てで つくっていた ものを、きかいで はやく たくさん つくる ことが できるように なった。

きかんしゃの はつめいで ひとと ものを いちどに たくさん はこべるように なった。

ファストフード《ふぁすとふーど》

ちゅうもんすると すぐに でてくる しょくじ。やすく うる ために、こうじょうで いちどに たくさん つくったり、がいこくから やすい ざいりょうを てに いれたりして つくっている。

ヒートアイランド《ひーとあいらんど》

ひとや たてものの おおい としで、ほかの ちいきより きおんが たかくなる こと。コンクリート《こんくりーと》や アスファルト《あすふぁると》などが、つちや みずに くらべて あつくなりやすく さめにくい ことから おこる。エアコン《えあこん》や じどうしゃから でる ねつも げんいんの ひとつ。

としか

もりや たんぼや はたけの おおかった ところに どうろや ビル《びる》が できて、しぜんかんきょうが かわっていく こと。せいかつは べんりに なるが、ひとの いきものの すみかが へる。

はいねつ

きかいを うごかしたり ものを もやしたりする ときに はっせいする ねつ。だんぼうや ゆを わかす ことに りようすると かんきょうへの わるい えいきょうを へらす ことが できる。

しげんに かんけいする ことば

しげん

にんげんの せいかつに
ひつような ものを
つくる ときに、
ざいりょうに なる もの。

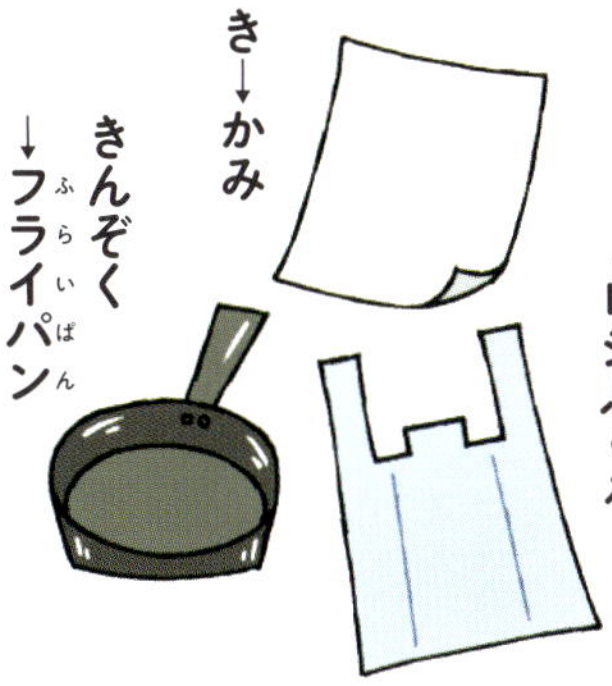

こうせき

きんぞくが ふくまれている
いし。
じめんの なかに うまっている。
こまかく くだいてから、
たかい おんどで とかしたり
くすりを まぜたりして、
ほんの すこしだけ
ふくまれている
きんぞくを
とりだす。

てんねんしげん

きや みず、かせきねんりょう、
こうせきのように
しぜんから てに いれる
ことが できて にんげんの
やくに たつ もの。

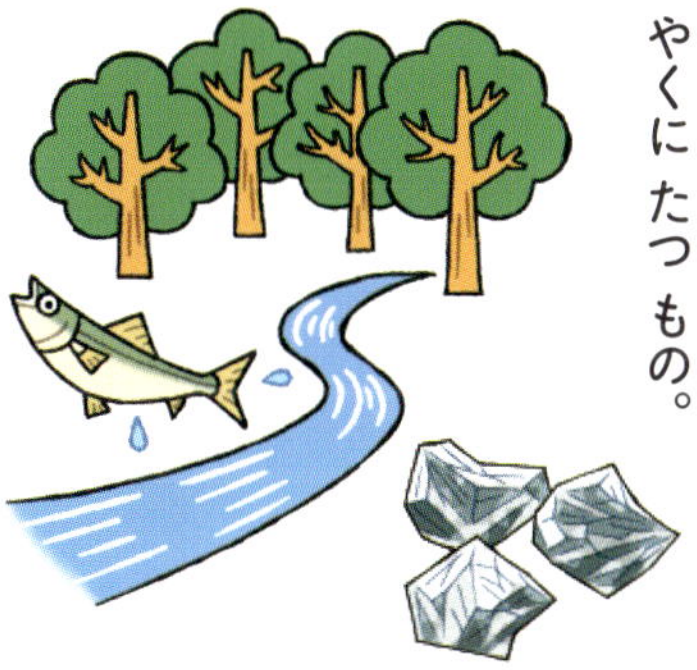

レアメタル《れあめたる》

きんぞくの なかでも、
とれる りょうが
すくない ものや
とりだす ことが
むずかしい もの。
スマートフォン《すまーとふぉん》や
パソコン《ぱそこん》を つくる ために
かかせない。

かせきねんりょう

おおむかしの どうぶつの
しがいや しょくぶつが、
ながい じかんを かけて
へんかした ねんりょう。
せきたんや せきゆ、
てんねんガス《がす》など。

せきたん

おおむかしの しょくぶつが、
じめんの なかで ながい
じかんを かけて へんかして、
いしのように なった もの。

せきゆ

じめんや うみの したに
うまっている、くろくて
どろどろした えきたい。
ガソリン《がそりん》や とうゆ、
プラスチック《ぷらすちっく》の
ざいりょうと なる。

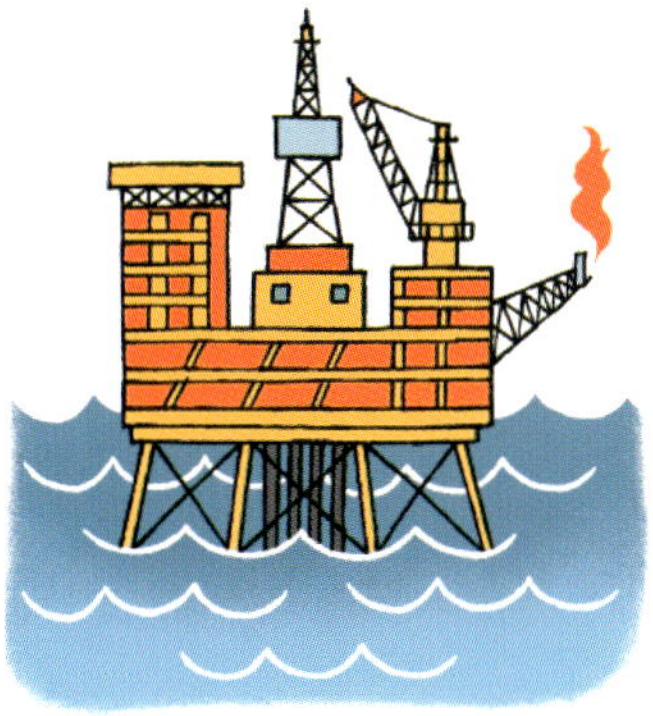

てんねんガス《がす》

じめんの したに ある、
もえる きたい。

ガス《がす》を ためておく タンク《たんく》

しぜんエネルギー《えねるぎー》に かんけいする ことば

しぜんエネルギー《えねるぎー》

たいようの ひかりや ねつ、かぜの ちからのように しぜんに あるものを りようして つくる でんきや ねつの こと。にさんかたんそを ださないと いう よさが ある。

たいよう
かぜ
うみ

たいようこう はつでん

たいようの ひかりを つかって でんきを つくる しくみ。たいようの ひかりを でんきに かえる ソーラーパネル《そーらーぱねる》を、ひあたりの よい ところに おいて でんきを つくる。

たいようの ひかりを うける ソーラーパネル《そーらーぱねる》。

ふうりょく はつでん

かぜの ちからで でんきを つくる しくみ。かぜの ちからで はつでんきを つけた ふうしゃを まわして、でんきを つくる。

かぜの ちからで ふうしゃを まわす。

はりょくはつでん

うみの なみの ちからを りようして でんきを つくる しくみ。なみが じょうげに うごく ときの ちからで、はつでんきを うごかして でんきを つくる。

かいめんに ブイ《ぶい》を うかべる。

ちねつはつでん

じめんの なかの ねつを つかって はつでんする しくみ。かざんの ちかくなどで あつい ゆが たまっている ばしょから すいじょうきを とりだして、はつでんきを まわして でんきを つくる。かざんの おおい くにでは ちねつはつでんを りようしている ところが おおい。

じめんに いどを ほって すいじょうきを とりだして はつでんする。
かざん
あつい ゆが たまっている ばしょ

バイオマスエネルギー《ばいおますえねるぎー》

かせきねんりょうでは なく ごみや ぼくじょうから でる どうぶつの ふん、きの くずなどを ざいりょうに して、そのまま もやしたり、いちど ガス《がす》に かえたりして はつでんなどに りようする しくみ。ごみとして すてられる ものから エネルギー《えねるぎー》を つくりだせると いう よさが ある。

かちくの ふん
わら・もみがら
きの くず
なまごみ

エコ《えこ》に かんけいする ことば

エコ《えこ》

えいごの「エコロジー《えころじー》」の りゃくご。かんきょうを まもろうと いう かんがえや こうどう。つかいすてを しない、でんきや みずを むだに しない こうどうなど。

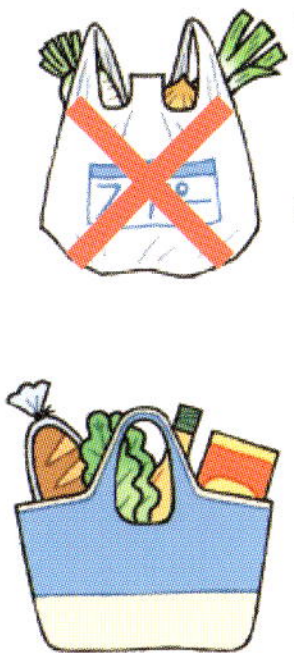

エコバッグ《えこばっぐ》を もって かいものに いき、レジぶくろ《れじ》を ことわる ことも エコ《えこ》に なる。

スローフード《すろーふーど》

ファストフード《ふぁすとふーど》や たいりょうせいさんされた ものに たよらずに、てづくりした しょくじや ものを ちゅうしんに せいかつする こと。

かていさいえん

じぶんの いえで たべる やさいを じぶんで つくる こと。また、その ばしょ。しぜんに ふれ、きせつの うつりかわりを かんじる たのしみも ある。

ちさんちしょう

ちかくの ばしょで とれた たべものを たべる こと。しんせんな まま たべる ことが できて、たべものを はこぶ ときに つかう エネルギー《えねるぎー》(フードマイレージ《ふーどまいれーじ》)も へらす ことが できる。

しょくりん

きの なえぎを うえて、はやしを つくる こと。きが せいちょうする ときに にさんかたんそを きゅうしゅうしたり、いきものの えさに なったりして、かんきょうに よい こうかが ある。

グリーンカーテン《ぐりーんかーてん》

ひあたりの よい まどの そばに、ゴーヤ《ごーや》や あさがおなど なつに よく そだつ、つるの のびる しょくぶつを うえて、はを ひよけに りようする こと。へやが すずしくなる こうかが ある。

じぞくかのうな しゃかい

かぞくや きんじょの ひと、せかいの ひとびとと きょうりょくしながら、あまり べんりで なくても たのしく せいかつする しゃかい。かぎりある しげんを ながく つかえるように、みんなで わかちあう ことが たいせつ。しぜんから まなび、ひとと いきものの ことを おもいやり、みんなが いつまでも いっしょに くらしていけるような しゃかいを つくっていく ひつようが ある。

みんなで つくる ちきゅうの みらい

これからも しぜんから ひつような ものを もらって いきていく ためには、みんなで「じぞくかのうな しゃかい（↓149ページ）」を めざして ちきゅうの みらいを まもって いく ひつようが あります。

（↓149ページ）

ものを つかう・たべる とき

これわれた ものは
しゅうりして また つかう、
じぶんで つかわなくなった ものは
ひとに ゆずるなど して、
ものを ながく
つかいつづけるように
しよう。

ごはんは のこさず
たべきるように
しよう。

ちきゅうに いきる
いきものたちや
しぜんを まもって
ちきゅうの みらいを
まもってゆこう

ものを すてる とき

ごみを だす ときは、
「もやす ごみ」
「もやさない ごみ」
「しげんごみ」など、
しゅるいごとに わけよう。
「しげんごみ」と して
だした ものは
リサイクル《りさいくる》する ことが
できるよ。

リサイクル《りさいくる》する

リサイクル《りさいくる》すれば
ごみの りょうが へり、
えられた しげんは、
ものを つくる ときの
げんりょうに なる。
あたらしく しげんを
とらずに すむね。

しげんを とる とき

りょうに かぎりの
ある しげんを
とりつくさないように して
しぜんを まもって いく
ひつようが あるよ。

ものを つくる とき

こうじょうでは、
せいひんを つくる ときに
つかう エネルギー《えねるぎー》の
りょうを へらしたり、
ひつような ぶんだけ つくって
うれのこらないように
したりする くふうを
しているよ。

ものを はこぶ とき

ながい きょりを はこぶ ときは、
かもつれっしゃなども
りようする ことで、
つかう エネルギー《えねるぎー》の りょうを
へらす ことが できるよ。

ものを かう とき

つめかえの せいひんや
きんじょで つくられた
やさいを かったり、
しょうエネ《えね》の せいひんを
えらんだりする ことで、
つかう エネルギー《えねるぎー》の
りょうを へらす
ことが できるよ。

おうちのかたへ

この絵じてんでは、子どもに学んでほしい自然環境や環境問題について紹介し、解説しています。ここでは保護者のかたに向けて、現代社会における地球環境問題と、その解決に向けた取り組みについての知識を紹介します。

いろいろな地球環境問題

環境問題は、私たちの身近なところで起こっている場合もあれば、見知らぬ遠い国で起こっている場合もあります。しかし、遠い国で起こっていることを他人事とせず、人類全体の問題としてとらえ、一人ひとりが関心を持つことが大切です。それには、今、地球上でどのような環境問題が起こっているのか、知る必要があります。

◆天然資源の無計画な利用

人類の衣食住の歴史をたどってみると、狩猟採集の時代においては、森林や海、川などから生活に必要なものを調達してきました。そして、農耕牧畜の時代になると、大地に作物を植えたり家畜を育てたりするなどして、生きていくために必要なものを安定的に得られるようになりました。人間は昔から、森林や水産物、土壌などの天然資源の恩恵を受けて、生きてきたのです。しかし、今、地球上では、資源利用の増大による、天然資源の枯渇が問題となっています。

世界の森林面積は約40億ヘクタールで、全陸地面積の３割以上を占めていますが、２０００年から２０１０年の間に毎年520万ヘクタールが減少しました。ブラジル、インドネシア、ナイジェリアなどでは、農地への転用や燃料用木材の過剰採取などが原因で、森林の減少・劣化が進んでいます。

大地も、農地の土壌の再生を待たずに作物を過剰栽培するために、地表に塩類がたまる現象が生じて作物を継続的に育てることが難しくなっています（塩害）。

こうした無計画な森林伐採や塩害は、土地の砂漠化が進む原因にもなります。森林の減少や砂漠化を食い止めるためには、伐採量を制限したり違法な伐採を取り締まったりするほか、植林をして、森林を再生させる取り組みをおこなう必要があります。

水産資源も枯渇の危機に直面しています。世界全体では、一人当たりの魚介類の消費量が過去半世紀の間に約5倍に増え、需要が増大しています。なかでも、マグロは乱獲による種の減少に拍車がかかっており、「タイヘイヨウクロマグロ」のように、絶滅危惧種に指定されているものもあります。

一般的に、水産資源は、産卵数は多いものの、成魚となる割合が少ないといわれています。そのため、これからもめぐみを受け続けるためには成魚の漁獲量を制限するだけではなく、未成熟なものを捕獲しない漁法を用いるなど、適切な資源管理が求められています。

人間が、利益や利便性を求めて資源を無計画に利用してきたことで、地球上ではさまざまな問題が起こっていますが、これからも自然からめぐみを得て暮らしていくためには、生産や消費のあり方を見直していく必要があります。

◆大気汚染がもたらす環境問題

化石燃料を燃やすと、二酸化炭素のほか、粒子状物質（SPM）や窒素酸化物、硫黄酸化物などが大気中に排出されます。これらは、大気汚染の原因ともなり、さまざま問題を引き起こしています。

例えば、中国では急激な工業化や自動車の増加によるPM2.5（SPMのうち、直径が2.5マイクロメートル以下のもの）の発生が深刻な問題になっています。粒子がとても小さいため、肺の奥深くまで届きやすく、呼吸器、循環器疾患のリスクを上げるなど、健康に悪影響を与えると考えられています。

窒素酸化物や硫黄酸化物は、雨水に溶け込むと酸性が強まって酸性雨になります。酸性雨は、森林や農作物を枯らしたり、川や湖に住む生物を弱らせたりするなど生態系に悪影響をもたらすほか、建造物を溶かすこともあります。また窒素酸化物は、太陽からの紫外線を受けて化学変化を起こし、目や喉に刺激を与える光化学スモッグを発生させます。

地球を取り巻く大気に、国境はありません。大気汚染を防ぐためには、世界の国ぐにが協力して防止対策に取り組み、監視や調査を進めていく必要があります。

◆都市に熱がこもるヒートアイランド現象

都市化の進展にともない、都市部が周辺より暑くなるヒートアイランド（熱の島）現象が顕著になっています。気温の高いエリアが都市を中心に島状に分布するのでこのように呼ばれます。

都市部では、気化熱によって気温の上昇を抑える緑地や水面が減少するいっぽうで、日中に太陽の熱を蓄えて夜間に放出するコンクリートの建造物やアスファルトで舗装された地面が大半をしめています。また、エアコンの使用時や、工場・発電所における燃料の燃焼時に発生する排熱も、要因のひとつとなっています。さらには、高層ビル群のように、建物と建物が密集した状態が風通しを悪くしているため、海や川から届く涼しい風が入り込まず、空気の入れ換えが進みません。

これらの要因が重なり、都市に熱がこもり、気温が下がりにくくなっています。

こうして起こるヒートアイランド現象は、ゲリラ豪雨や光化学スモッグの発生につながったり、熱中症を発症したりするなど、人間の生活や健康にも被害をもたらしています。

建物の屋上や壁を植物でおおう、「屋上緑化」や「壁面緑化（グリーンカーテン）」は、ヒートアイランド現象を防ぐ対策のひとつとして知られています。

一部の自治体では、補助金を出して緑化を推進したり、緑化を義務付けたりする取り組みがおこなわれています。

◆暖かくなる地球

ヒートアイランド現象は都市部に限定的ですが、地球温暖化は、大気中の二酸化炭素などの温室効果ガスが増えることで起こる地球規模の環境問題です。

二酸化炭素は陸上の植物や海洋に吸収されます。世界の森林面積は減少傾向にありますが、化石燃料の燃焼によって放出される二酸化炭素の量は増大するいっぽうで、吸収されなかった二酸化炭素は大気中に蓄積され、濃度が上がっていきます。

大気中の温室効果ガスは、地表面から放出される太陽の熱（赤外線）の一部を吸収し、地球を適度に暖め、世界の平均気温を約14度に保っています。この働きがない場合、地表面の温度はマイナス20度ほどになります。しかし、近年は、温室効果ガスが増え過ぎているために、地球の平均気温が上昇しています。

現在の地球は、過去１４００年のうちで最も暖かくなっているといわれます。気温や海水温が上昇すると、海水が膨張したり、氷河や氷床が縮小したりして海面の水位上昇を招き、沿岸域が危険にさらされます。熱波などの異常高温、大雨、干ばつの増加といった気象変化は、水資源や農作物、水産物などに影響を及ぼし、自然生態系や人間社会に深刻なダメージを与えるのです。

地球環境問題の解決をめぐり、世界全体で温室効果ガスの排出量を減らすためのルール作りなどが進められています。

国境をこえて環境問題の解決に取り組む

これまで紹介してきたように、地球上ではさまざまな環境問題が起こっていますが、特に、市場経済が急速に発展している開発途上国の環境破壊は深刻です。人口増加による食料増産の必要性から森林を焼いて畑を作る焼畑農業がおこなわれたり、経済的な利益を得るために木材を過剰に伐採して外国に輸出したりすることで、森林破壊や砂漠化が進んでいるのです。また、大気や海流は地球上を循環しているため、大気や海洋の汚染は国境をこえて拡散します。

そこで国際連合（国連）が中心となり、国境をこえて地球規模で環境保全に取り組むルールが作られています。

◆国際的なルールを作る

1972年に「国連人間環境会議（ストックホルム会議）」がスウェーデンで開かれ、「かけがえのない地球」というキャッチフレーズのもと、環境問題への国際的な取り組みについて本格的に議論されました。そして1992年、ブラジルのリオデジャネイロで開かれた「国連環境開発会議（地球サミット）」において、地球環境問題を人類共通の課題と位置付け、「持続可能な開発」という理念のもと、環境と開発の両立を目指すことになりました。この地球サミットで、「気候変動枠組条約」と「生物多様性条約」が採択され、その後も定期的に締約国会議が開かれてきました。

気候変動枠組条約は、地球温暖化防止のために大気中の温室効果ガスの濃度を安定させることが目標です。1997年に先進国の温室効果ガスの削減義務を課す「京都議定書」が採択されましたが、削減目標を達成した国があるいっぽうで、経済発展を優先し途中離脱を表明した国もあり、地球規模の取り組みとして成功したとは言い難い状況です。そこで2015年、21世紀後半に温室効果ガスの排出量を実質ゼロにすることを目指して、途上国にも削減努力を求める「パリ協定」が採択されましたが、各国間の利害の対立は消えていません。

生物多様性条約は、特定の種や場所だけでなく、遺伝子から生態系まで包括的なレベルで生物の多様性を保全することを目指しています。自然保護に関する国際条約としては、水鳥の生息地として重要な湿地を保全する「ラムサール条約」、絶滅の恐れのある野生動植物の国際取引を規制する「ワシントン条約」などが1970年代に成立しています。これらは個々の絶滅危惧種や保護地区に重点を置いた国際的なルールです。

◆日本の技術を伝える

日本では1950年代から70年代にかけての高度経済成長期を中心に、各地でさまざまな公害問題が表面化しました。なかでも、有機水銀汚染による「水俣病」「新潟水俣病」、カドミウム汚染による「イタイイタイ病」、石油化学コンビナートから排出される亜硫酸ガスを原因とする「四日市ぜんそく」は、四大公害病と呼ばれます。経済発展と引き換えに深刻な被害をもたらした公害問題では、国や企業の責任が問われました。1967年には公害対策基本法が施行され、公害を予防する科学技術も進歩しました。

日本で生まれた公害防止のためのノウハウは、現在、主に開発途上国などの環境問題に直面する地域で生かされています。石油化学コンビナートや火力発電所の排煙から硫黄分を除去する脱硫装置の技術は、中国や東南アジア、中東などに提供されています。また、水俣病の経験から日本では水銀研究が進んでおり、日本の技術者がアジアや中南米での汚染調査や技術指導をおこなっています。2013年には、水銀やそれを使った製品の製造と輸出入を規制する国際条約が「水銀に関する水俣条約」と命名されました。

みんなで目指す「持続可能な社会」

環境を壊すことなく、これからも未来永劫、自然のめぐみを享受しながら人が生きていくためには、国際的なルールや国の法律を守るだけでなく、私たち一人ひとりの意識変革も欠かせません。限りある資源を大切に使うとともに、ふだんの生活や社会のしくみを見直す必要があります。「持続可能な社会」を実現するために、子どもにもできることを一緒に考えることが大切です。その際、「こうしなさい」と押しつけるのでなく、子どもたちが自ら行動したいと思えるよう、声掛けをするとよいのではないでしょうか。

◆家の中でできる取り組み

電気製品のスイッチをこまめに切る、水道水を出しっぱなしにしない、などは、家の中でできる資源の節約としてまず思いつくことでしょう。でも、まず大切なのは、これまで当然だと思っていた日常の習慣を、「そもそも、それは必要？」と見直してみることです。

例えば、日中は電灯をつけずに外光を取り入れる、多少の暑さはエアコンに頼らず窓を開けて風を入れる、少量の食器なら食器洗い器を使わずに各自が手で洗う、プラスチック製品の代わりに天然素材のものを買う。このように、何のためにそれを使うのかを考え、環境負荷にならない別の方法を探してみるのです。

食べ残しなどの食品ロスの半分は家庭から出ています（➡97ページ）。食事は動植物の命をいただくということですから、食べ物を粗末にせず、調理時にも捨てる部分を減らす工夫を心掛けたいものです。また、近場でとれた旬の食材を使ったり、家庭菜園にチャレンジしたりすることで、新鮮な食材が得られ、地域や食文化への関心も高まります。

衣類や身の回りの生活道具も使い捨てにせず、着回しや修繕をして大切に使えば、ごみも出ず、資源のむだ遣いも減らせます。布製品のパッチワークキルトや刺し子、陶磁器の金継ぎなど、伝統工芸の技でオリジナル作品にするのも楽しいでしょう。

◆まちで実践できる取り組み

日常的な買い物にはエコバッグを持参して、レジ袋や過剰な包装は断わるようにしたいものです。

外出時は、なるべく自家用車を使わず、徒歩や自転車、公共の交通機関を利用することで、化石燃料の使用や排気ガスの排出を減らせますし、渋滞も避けられます。健康にもよく、見慣れたまちで新たな発見があるかもしれません。

近年は、1台の自動車を複数世帯で利用できるようにして必要時に使うカーシェアリング、自治体などが設置するレンタサイクルなど、共同利用（シェアリング）が盛んです。欧米では一般のドライバーが有料で客を乗車させるライドシェアも普及しつつあり、日本でも注目されています。さらに、電気についていえば、規模の大きな太陽光発電や風力発電、あるいは、バイオマスエネルギー、用水路の水などを使うマイクロ水力発電のための設備を、地域で設置し、管理することで、新たな雇用を生み出している事例があります。このようなシェアリングは、資源やエネルギーの節約だけでなく、地域の再生にもつながります。

持続可能な社会の実現には、地域の活性化をうながし、生産と消費の場を近づける「地産地消」がひとつのキーワードになります。そして、それが、自然とともに暮らす「懐かしい未来」へと続く道とも重なるのです。

さくいん

＊生き物の名前は、色付きの文字で示しています。

あ

アイエイチヒーター・IHヒーター 78
あおうみがめ 144
あおげら 33
あおさぎ 27 47
あおすじあげは 23
あおだいしょう 34 45 53
あかねずみ 36 45 52
あかまつ 33
あき・秋 24 30 36
あさがお 22 38
あさぬの・麻布 75
あさり 49
あじ 49 55
あぶらぜみ 23 39
あぶらむし 20
あまがえる 28 40 47
あめ・雨 60 62 66
あめんぼ 29 47
あゆ 46
あらいぐま 131
あんていがたしょぶんじょう・安定型処分場 105 124
いおうさんかぶつ・硫黄酸化物 153
いか 48
いきもの・生き物 16 18-42 44-68
いけ・池 21 47 66
いしがめ 46
いしまきがい 46
いじょうきしょう・異常気象 135 145
いせえび 49
いたち 45
いたどり 28
いちょう 24
いっぱんはいきぶつ・一般廃棄物 105 124
いぬ 18
いね 29 30
いのしし 32 44
いもり 28
いりおもてやまねこ 144
いるか 48
いろはもみじ 25 36
いわし 48 55
いわな 46
いわば・岩場 49
うぐい 46
うぐいす 33 44
うさぎ 36 45 52
うに 49
うばゆり 34
うみ・海 48 66 129 131
うめたて・埋め立て 49 131
エアコン 79 89 121
えい 49
エコ 149
エコカー 83
エコバッグ 99 107
えっとう・越冬 25
エネルギー 90 126 134 136 138 151
エネルギーじきゅうりつ・エネルギー自給率 137
えのころぐさ 23
えび 54
えびも 47
エルイーディーしょうめい・LED照明 79 89
えんがい・塩害 152
おおあれちのぎく 23
おおきんけいぎく 144
おおくちバス 144
おおさんしょううお 46
おおたか 33 45 53
おおばこ 22
おおはんごうそう 131
おおむらさき(植物) 21
おおむらさき(蝶) 35 45
おおわし 53
おかとらのお 34
おくじょうりょっか・屋上緑化 153
おくやま・奥山 33
おたまじゃくし 28 47
おちば・落ち葉 58
おちばかき・落ち葉かき 33 37 41
おちばたけ 37
おなもみ 24 38
おにやんま 46
おもだか 28
おんしつこうかガス・温室効果ガス 135 145 153

か

ガーベラ 21
かい 54
かいつぶり 47
かいてい・海底 48
かいめんじょうしょう・海面上昇 135 145
かいもの・買い物 84 106
がいらいしゅ・外来種 131 144
がいろじゅ・街路樹 18 20 24
かがくせんい・化学繊維 75 89
かき 25 31
かけす 36
かこう・河口 48
かさご 49
かせきねんりょう・化石燃料 133 136 147 153
かぞく・家族 10 16
ガソリンスタンド 82
かたくり 33 37
かたつむり 34
かたばみ 28
かつお 49
かっこう 23 29
がっぺいじょうかそう・合併浄化槽 71
かていさいえん・家庭菜園 141 149
かなぶん 35
かに 54
かび 36 53 59 67
かぶとむし 33 34 39 44
かぼちゃ 31
かまきり 25 31
かみ・紙 74 89
かもめ 49 55
かやねずみ 46
からす 25 40
かりゅう・下流 47
かりょくはつでん(しょ)・火力発電(所) 81 90
かるがも 31 47
かわ・川 25 34 46 60 66 70 72
かわう 47
かわげら 46
かわせみ 34 46
かんちょう・干潮 49
かんばつ・干ばつ 145
かんりがたしょぶんじょう・管理型処分場 105 124
き・木 72 74 128
きあげは 27
きけんごみ・危険ごみ 101 123
きこうへんどう・気候変動 145
きこうへんどうわくぐみじょうやく・気候変動枠組条約 154
きじ 28
きす 48
きたては 21 31
きつつき 44

きつね……36 44 53
きのこ……35 36
ぎふちょう……33
キャンドルナイト……121
きょうせい・共生……45 64
きょうそう・競争……45 64
きょうとぎていしょ・京都議定書……135 145 154
きんぞく・金属……76 89
くうき・空気……56 62 65
くすのき……23 25
くちき・朽ち木……32 35 37
くぬぎ……33 34 36
くまぜみ……44
くまばち……20
くも・雲……61 66
くり……31
グリーンカーテン……141 149 153
くろあげは……21
くろおおあり……19 39
くろがねもち……24
くろまつ……48
くわがたむし……33 34 45
け・毛……75
けいと・毛糸……89
げすい・下水……88
げすいしょりじょう・下水処理場……71 88
げすいどう・下水道……71 88
ゲリラごうう・ゲリラ豪雨……153
げんごろう……29 47
げんしりょくはつでん(しょ)・原子力発電(所)……81 90
けんぷ・絹布……75
こい……21 47
こうがい・公害……154
こうかがくスモッグ・光化学スモッグ……153
こうごうせい・光合成……51 55 56 65
こうせき・鉱石……76 132 147
こうよう・紅葉……25 31
こおろぎ……30
こきゅう・呼吸……56 65
こくれんかんきょうかいはつかいぎ・国連環境開発会議……154
こくれんにんげんかんきょうかいぎ・国連人間環境会議……154
こけ……34
こし・古紙……101
コスモス……31
こなら……32 36 38
このはずく……45
こばねいなご……29
こひるがお……23
こぶし……26
ごみ……94-126
こんちゅう・昆虫……39
コンビニエンスストア……84
こんぶ……49 54

さ

サーマルリサイクル……103
さいしゅうしょぶんじょう・最終処分場……102 104 124
さいせいかのうエネルギー・再生可能エネルギー……137
さつまいも……31
さと・里……41
さといも……31
さとやま・里山……26 31 33 41 130 142
さば……48
さばくか・砂漠化……129 144 152
ざりがに……26 47
さわがに……34 46
さんぎょうかくめい・産業革命……146
さんぎょうはいきぶつ・産業廃棄物……124
さんぎょうはいすい・産業排水……119
さんせいう・酸性雨……153
さんそ・酸素……56 62 65
シェアリング……113
しか……45
しげん・資源……132 143 147 151
しげんかんり・資源管理……152
しげんごみ・資源ごみ……101 102 123 150
しじゅうから……18
しぜん・自然……16 18-42 44-68
しぜんエネルギー・自然エネルギー……136 148
じぞくかのうなしゃかい・持続可能な社会……149 150 155
しだ……45
したがり・下刈り……33 41
しっち・湿地……131
じどうしゃ・自動車……82
しまへび……26
しみんのうえん・市民農園……141
しゃかい・社会……10 16
しゃだんがたしょぶんじょう・遮断型処分場……105 124
しゃち……55
しゅうだんかいしゅう・集団回収……117
じゅうでんち・充電池……109
しゅうり・修理……112
じゅえき・樹液……35
しゅすいしせつ・取水施設……70
じゅふん・受粉……21 29
じゅんかんがたしゃかい・循環型社会……125
じゅんさい……47
しょうエネ・省エネ……90 151
しょうエネルギーラベル・省エネルギーラベル……121
じょうすいじょう・浄水場……70 88
じょうはつ・蒸発……66
しょうひきげん・消費期限……96 122
しょうひしゃ・消費者……51 53 55 64
じょうびたき……64
しょうみきげん・賞味期限……96 122
しょうめい・照明……78
じょうようしゃ・乗用車……82
じょうりゅう・上流……46
しょうりょうばった……30
しょくひんロス・食品ロス……85 97
しょくぶつ・植物……38 52 54 62
しょくぶつプランクトン・植物プランクトン……54 67
しょくもつれんさ・食物連鎖……50 53 64
しょくりょうじきゅうりつ・食料自給率……87 91 139
しょくりん・植林……149
じょろうぐも……22 39 53
しんめ・新芽……32
しんりん・森林……129 152
しんりんはかい・森林破壊……144
スイートピー……20
すいぎんにかんするみなまたじょうやく・水銀に関する水俣条約……154
すいさんしげん・水産資源……129 152
すいさんぶつ・水産物……73 89
すいじょうき・水蒸気……61 66
すいどうかん・水道管……71 88
すいはんき・炊飯器……78
すいりょくはつでん(しょ)・水力発電(所)……81 90 137
スーパーマーケット……84 92
すすき……30
すずき……47
すずむし……31
すずめ……19
すずめのかたびら……19
すずめばち……35
ストックホルムかいぎ・ストックホルム会議……154

すながに……48
すなち・砂地……48
すなはま・砂浜……48
スマートフォン……79
すみれ……27
スリーアール・3R……107 124
スローフード……149
せいかつはいすい・生活排水……119 124
せいさんしゃ・生産者……51 53 55 64
せいたいけい・生態系……45 63 64 143
せいたかあわだちそう……25
せいぶつたようせいじょうやく・生物多様性条約……154
せきたん・石炭……90 132 147
せきゆ・石油……77 82 90 132 147
ぜつめつきぐしゅ・絶滅危惧種……29 144 152
せみ……35
せり……27
せんたくき・洗濯機……79 89
ぞうきばやし・雑木林……26 30 32-37 41 142
そうじ・掃除……126
そうじき・掃除機……78
そこびきあみぎょほう・底引き網漁法……129
そだいごみ・粗大ごみ……102 123
そめいよしの……18 38

た

たい……49
たいきおせん・大気汚染……153
たいきでんりょく・待機電力……121
たいよう・太陽……62 66
たいようこうはつでん・太陽光発電……136 148 155
たいりょうしょうひ・大量消費……146
たいりょうせいさん・大量生産……146
たけのこ……32
たけばやし・竹林……32
たこ……49 55
たちつぼすみれ……33 44
だに……58
たにし……28 47
たぬき……29 44
たまむし……35
ダム……70
ためいけ・ため池……27
だんごむし……37 39 45 51 53 58
たんすいかぶつ・炭水化物……50 63 65
たんぼ・田んぼ……26 28 30
たんぽぽ……19 27 38
だんりゅうこうぞう・団粒構造……61
ちかすい・地下水……60 66 70
ちきゅう・地球……14 16
ちきゅうおんだんか・地球温暖化……57 134 145 153
ちきゅうサミット・地球サミット……154
ちくさんぶつ・畜産物……72 88
ちさんちしょう・地産地消……139 149 155
ちっそ・窒素……51 53 56 59
ちっそさんかぶつ・窒素酸化物……153
ちねつはつでん・地熱発電……137 148
チューリップ……20
ちゅうりゅう・中流……46
つかいすて・使い捨て……85 98 108 122
つきのわぐま……32 40 44
つくし……27
つた……35
つち・土……58 60
つばめ……22 40
ていたんそしゃかい・低炭素社会……145
ていねんぴしゃ・低燃費車……83
てながえび……46
テレビ……78 89
でんあつ・電圧……80
でんかせいひん・電化製品……78 89 95
でんき・電気……80 82 120
でんきじどうしゃ・電気自動車……83 91
でんきポット・電気ポット……78
でんしレンジ・電子レンジ……78
でんせん・電線……80
てんとうむし……20
てんねんガス・天然ガス……90 133 147
てんねんしげん・天然資源……147 152
でんぷん……51
どうぶつ・動物……40 52 54 62
どうぶつプランクトン・動物プランクトン……54 67
とうみん・冬眠……45
とかげ……18 30 40
としか・都市化……146
どじょう……47
どじょうどうぶつ・土壌動物……59 61
どじょうりゅうしゅつ・土壌流出……129 144
とのさまがえる……53
とのさまばった……23
とび……27
とびうお……48
トラック……82
とり・鳥……40
どんぐり……36 38

な

なかす・中洲……47
ながみひなげし……19
なし……31
なつ・夏……22 28 34
なつあかね……30
ななふし……36 39
なのはな……18
なまごみ・生ごみ……122
なみあげは……18 24 39 52
ならたけ……37 45
にさんかたんそ・二酸化炭素……56 62 65 134 153
にほんざる……31 40
にわとり……51
ぬの・布……89
ねぎ……26
ねこ……19
ねんぴ・燃費……91
ねんりょう・燃料……82 90
のあざみ……26
のうさんぶつ・農産物……73 88
のうどう・農道……27
のみみず・飲み水……70 88

は

バーチャルウォーター……87 91
バイオマスエネルギー……136 148 155
はいきガス・排気ガス……83 91
はいすいち・配水池……71 88
はいねつ・排熱……146
ハイブリッドしゃ・ハイブリッド車……83 91
はえ……23
バクテリア……53 55 59 67
バザー……110
バス……82
はぜ……48
パソコン……78
はたけ・畑……26 30
はち……23
はちゅうるい・は虫類……40
はつでん(しょ)・発電(所)……80 90
はと……21

はなばち……27
はなみずき……21
はなむぐり……21
はましぎ……49
はまひるがお……48
パリきょうてい・パリ協定……135 154
はりょくはつでん・波力発電……137 148
はる・春……18 20 26 32
パルプ……75
ピーエム2.5・PM2.5……153
ヒートアイランド……146 153
ビオラ……20
ひかげちょう……35
ひがた・干潟……49 131
ひがんばな……30
ひきがえる……21
びせいぶつ・微生物……45 47 49 51 53 55 59 67
ひつじ・羊……75
ひと・人……51
ひとざと・人里……130
ひとで……49
ひまわり……22 38
ひめがま……47
ひめじょおん……23
ひめねずみ……35
ひめやままゆ……37
ひよどり……24
ひらめ……48
ファーマーズマーケット……139
ファストフード……146
ふいりマングース……131
フードマイレージ……87 91 139
ふうりょくはつでん・風力発電……137 148 155
ふきのとう……27
ふくろう……53
ぶどう……31
ふな……24 46
ふほうとうき・不法投棄……124
ふゆ・冬……24 30 36
ふようど・腐葉土……61
プラスチック……77 89 95 101
プランクトン……49
ぶり……48
フリーマーケット……110
ふん・糞……58
ぶんかい・分解……53 55 58 67
ぶんかいしゃ・分解者……51 53 55 64
へび……40
へんでんしょ・変電所……80
ほとけのざ……18
ほととぎす……23
ぼら……47

ま

マイクロすいりょくはつでん・マイクロ水力発電……137 155
マイクロプラスチック……119
まがも……25
まきあみぎょほう・巻き網漁法……129
まぐろ……49 55
まち・町・街……12 16 18-25 41
まっこうくじら……55
まてがい……49
みず・水……62 72 118 120
みずうみ・湖……47 66
みずくらげ……49
みずのじゅんかん・水の循環……66
みどりがめ……21
みのむし……25
みみず……18 37 45 51 52 58
みやまからすあげは……28
みやませせり……27
みんみんぜみ……29
むきぶつ・無機物……50 52 54 59 63
むくどり……24
むささび……33 44
むつごろう……49
めじろ……18
めだか……29 47
モーダルシフト……83
もくざい・木材……75
もぐら……33 44 53
もず……31 53
もめん・木綿……75 89
ももんが……45
もやかき……33 41
もやさないごみ・燃やさないごみ……101 102 123
もやすごみ・燃やすごみ……101 102 122
もり・森……41 44 56-61 72 128 130
もんきちょう……23
もんしろちょう……18

や

やすで……37 45 58
やどかり……49
やぶからし……23
やぶかんぞう……28
やぶこうじ……37
やま・山……41 66
やまあじさい……34
やまがら……45
やまざくら……33
やまとしじみ……28
やまね……44
やままゆ……32
やまゆり……29
やもり……22
ゆうがいごみ・有害ごみ……101 123
ゆき・雪……31 66
ようきほうそう・容器包装……122
ようすいろ・用水路……26 29 30
ようぶん・養分……50-59 63 67
ようもう・羊毛……75
よし……25 46

ら

ライフサイクルアセスメント……79
ラムサールじょうやく・ラムサール条約……154
らんかく・乱獲……144
リサイクル……116 125 133 150
リサイクルマーク……117
りす……37 44
リターナブルびん……109
リデュース……107 125
リフォーム……115 125
リペア……113 125
リメイク……115 125
リモコン……79
りゅうしじょうぶっしつ・粒子状物質……153
リユース……111 125
りょうせいるい・両生類……40
リン……51 53 59
りんどう……31
るりしじみ……32
るりぼしかみきり……35
レアメタル……77 133 147
れいぞうこ・冷蔵庫……78 89
レンタカー……113
レンタル……113 125

わ

わかめ……55
わきみず・湧き水……61 66
ワシントンじょうやく・ワシントン条約……154
わた・綿……75 89
わたりどり・渡り鳥……23
わらび……33

監修
木俣美樹男（きまた みきお）

東京学芸大学名誉教授、東京外国語大学アジア・アフリカ言語文化研究所フェロー、農学博士。環境学習原論および民族植物学専攻。雑穀の起源と伝播の研究のためユーラシア大陸各地で国際共同調査に従事。編著に『環境教育概論』（培風館）、『持続可能な社会のための環境学習』（培風館）、訳書に『民族植物学』（八坂書房）などがある。日本環境教育学会、雑穀研究会、自然文化誌研究会、東京学芸大学環境教育研究センターを創立。

こども かんきょう絵じてん
2017年9月10日　初版発行

装丁 ——— 大薮胤美（フレーズ）
本文デザイン ——— 福田礼花（フレーズ）、水島安佐美
表紙立体制作 ——— 仲田まりこ
イラスト ——— 浅井新太、オカダケイコ、尾崎たえこ、かとうともこ、鴨下潤、喜多村素子、佐藤繁、ジャンボ・KAME、スズキサトル、たじまなおと、柳澤秀紀、よしもとなな
撮影 ——— 上林徳寛
校正 ——— 村井みちよ
編集協力 ——— 漆原泉、田口純子、野口和恵、山畑泰子
編集・制作 ——— 株式会社 童夢

参考文献
『環境白書・循環型社会白書・生物多様性白書（平成28年度版）』（環境省）／『3R・低炭素社会検定公式テキスト［第2版］』（ミネルヴァ書房）／「平成28年度エネルギーに関する年次報告（エネルギー白書2017）」（資源エネルギー庁）／「平成28年度水産白書」（水産庁）

こども かんきょう絵じてん

2017年9月10日　第1刷発行

監　修　木俣美樹男
編　者　三省堂編修所
発行者　株式会社 三省堂　代表者 北口克彦
発行所　株式会社 三省堂
〒101-8371 東京都千代田区三崎町二丁目22番14号
電話　編集（03）3230-9411　営業（03）3230-9412
http://www.sanseido.co.jp/
印刷所　三省堂印刷株式会社

落丁本・乱丁本はお取り替えいたします。

ISBN978-4-385-14324-8〈かんきょう絵じてん・160pp.〉